世界历史未解之谜

本书编写组◎编

SHIJIE LISHI
WEIJIE ZHIMI

世界图书出版公司
广州·北京·上海·西安

图书在版编目（CIP）数据

世界历史未解之谜 / 《世界历史未解之谜》编写组编. —广州：广东世界图书出版公司，2010. 4 （2024.2 重印）

ISBN 978 - 7 - 5100 - 1971 - 5

Ⅰ. ①世… Ⅱ. ①世… Ⅲ. ①世界史 - 青少年读物 Ⅳ. ①K10 - 49

中国版本图书馆 CIP 数据核字（2010）第 049997 号

书　　名	世界历史未解之谜 SHIJIE LISHI WEIJIE ZHIMI
编　　者	《世界历史未解之谜》编写组
责任编辑	黎　维
装帧设计	三棵树设计工作组
出版发行	世界图书出版有限公司　世界图书出版广东有限公司
地　　址	广州市海珠区新港西路大江冲 25 号
邮　　编	510300
电　　话	020-84452179
网　　址	http://www.gdst.com.cn
邮　　箱	wpc_gdst@163.com
经　　销	新华书店
印　　刷	唐山富达印务有限公司
开　　本	787mm × 1092mm　1/16
印　　张	10
字　　数	120 千字
版　　次	2010 年 4 月第 1 版　2024 年 2 月第 12 次印刷
国际书号	ISBN　978-7-5100-1971-5
定　　价	48.00 元

前　言

QIAN YAN

人类的已知是有限的，而未知是无限的。

已知的是解开的秘密，未知的是未解的、待解的秘密。世界历史就是一部未解的、待解的秘密史。

世界历史漫长而耐人寻味，在其进程中，还存在着众多扑朔迷离、悬而未决的问题，诸如埃及金字塔的建造之谜，威廉二世的死因迷雾，亚历山大的神秘消失，拉登的富可敌国的财富藏匿之所，希特勒遗宝何处，牛顿晚年精神失常的原因，“海狮计划”缘何夭折，白蚁建筑天赋从何而来，耶稣其人其事的重重玄机，还有飞碟的神秘现身和神龙见首不见尾的逸去。这些历史疑案极富传奇与神秘色彩，它们所散发的神秘魅力，像磁石般吸引着人们好奇的目光，并刺激着人们探究其真相的强烈兴趣。在对这些历史未解之谜的探索和解析中，人们不仅开阔了视野，增长了知识，还获得了精神愉悦。

本书针对各个历史谜题，参考大量历史文献、考古资料，并吸收最新的科研成果，通过严肃而科学的分析论证，去伪存真，作出令人信服的结论。为适应广大青少年阅读，本书在写作风格上，力求通俗易懂，语言生动，将历史疑点与谜团用深入浅出的语言叙述出来，注重知识性和可读性。同时，通过简洁明朗的版式设计把百余幅精美图片有机地和文字表述结合起来。在内容上，本书涵盖了历史领域中政治、军事、人物、科技、宗教、文化等方面，时间上贯穿古今。可以说，本书是一本集知识性、趣味性、愉悦性为一身的人类历史悬疑百科书，在严肃而充满趣味的探索中，再现了历史的丰富和变幻，读者定会从中获得思考与发现的乐趣。

本书表述的虽然是未解的历史，但在大量史料和实物证据的前提下，对这些未解之谜予以了前瞻性的解读和推断。

目 录
CONTENTS

宫廷政事

名人轶事

战争迷雾

科技谜团

宗教漩涡

文化谜题

宫廷政事

GONG TING ZHENG SHI

古埃及金字塔仅仅是法老的葬身之所吗？

金字塔是人类文明史中的一项伟大奇迹，更是永恒的谜团。数千年以来，它矗立在古老的尼罗河畔，迎曙光，浴暮霭，闪着神奇的智慧之光。然而，关于金字塔的起源问题，经过历代学者的激烈的论争，至今仍众说纷纭。

在中世纪，很多作家都认为，在埃及粮食充裕时期，金字塔是用来储藏粮食的大仓库。近几年来，金字塔被人描述为与日晷仪和日历、天文观测台、测量工具甚至是与神秘的外星生命相联系的东西，把金字塔当做天外宇宙飞船的降落点。

然而，大部分有声望的埃及学者认为金字塔是法老们的坟墓。这一理论也最能被人们所广泛接受。金字塔散布于尼罗河的西岸，根据埃及神话，这里与通往来世的路途相通。考古学家们在金字塔附近发现了许多在葬礼仪式中使用的小船，据说，这些小船就是法老们驶向来世的工具。

神秘的埃及金字塔

许多金字塔中都有石棺或木棺，这早已被证实。19 世纪之前，在石棺上或在石棺附近发现的神秘图画被确定为用来帮助法老们从一个世界通往另一个世界的咒语。

然而，一个铁的事实却让坟墓理论缺乏了最主要的依据，那就是学者们在金字塔中找不到法老们的尸体，而且许多法老好像建造了不止一座金字塔。

还有一些人认为金字塔中没有尸体，却有大量的陪葬品，说明金字塔是衣冠冢——死去的法老们的纪念碑，但不是他们真正的坟墓。

绝大多数埃及学者仍然认为，尽管金字塔也具有其他用途，但它们首先是作为坟墓而被建造的。它们的周围环绕着其他坟墓，这些坟墓的主人在当时的地位都在法老之下。

另外，关于金字塔的一个折中的观点认为，金字塔可以被理解为古代建筑进步的标志之一，这一种建筑从矩形、平顶、砖泥结构的坟墓开始，今天我们称之为古埃及墓室（里面曾经发现过尸体）。然后，建筑师们开始把一个平顶结构垒在另一个上，这样就建成了今天被我们称为“台阶式金字塔”的建筑物，其中最著名的那些现在仍坐落在撒哈拉地区的开罗南部。

几乎所有的延续了埃及文明的东西都关系到了死亡，死亡好像成了他们宗教、文学的限定力量。法老们认为，他们的目的不是今生而是来世，不管是通过小船、台阶还是借助太阳光，只要能成功即可。因此，金字塔被设计成能存放他们遗体的式样，也就是坟墓，这是目前一种最合理的推测。

不过科学是永无止境的，历史在延续，人类的天性在于探索无限的未知世界，随着科学的发展，随着探索者们坚持不懈的努力和灵感的产生，金字塔建造之谜一定会真相大白的，也许一个新的、不为人知的理论又摆在世人面前，也许又有更多的谜团不能解开，谁又能说得准呢。

古埃及图坦卡蒙法老死亡之谜

古埃及以其灿烂的文明和神秘的传说吸引了无数历史和考古学者。在开罗南 700 多千米的尼罗河西岸，埋葬着 30 多个法老，学者们称之为“帝王之谷”。

图坦卡蒙法老

1922年，考古工作者在“帝王之谷”内发现了距今3 000多年前十八王朝的法老图坦卡蒙的陵墓。图坦卡蒙是著名的阿蒙普特四世（即埃赫那吞）王后尼费尔提提的女婿。这位君主政绩平平，没有什么大作为。他大约于公元前1361年登基，当时年仅10岁，娶了一个12岁的少女。19岁时他便死去了（也有人认为他死时18岁）。这些就是史料传说对他生平的全部介绍。图坦卡蒙的陵墓是迄今为止所发现的最完整、最有价值的古代埃及法老的陵墓。

1972年和1976年图坦卡蒙墓中出土的部分珍贵文物先后在伦敦、华盛顿展出，吸引了成千上万的欧美观众，再次轰动了整个世界。图坦卡蒙又一次成为人们津津乐道的话题。

古老、神秘的图坦卡蒙之墓被成功发掘后，人们终于见到基本上完整的法老墓葬，也第一次看到了法老的葬制。

整座墓由前室、墓室、耳室、库室组成。除墓室外，所有的地方都放满了家具、器皿、箱匣等各类器物，其中包括墓主人的宝库。墓中的每件器物，都以金银珠宝装饰而成。在墓室中还发现了两尊真人大小的乌木镀金雕像，据学者们认为是图坦卡蒙的形象。这两尊雕像生动逼真、栩栩如生，充分反映了古代艺术家们高超的技术和丰富的想象力。在8年的挖掘过程中，墓中发现了2 000多件文物，奇珍异宝非常丰富。

图坦卡蒙法老黄金面具

图坦卡蒙的木乃伊被密封在重重的棺椁之中，在棺材外面的4层是涂金的木椁，最里面的是黄金打制成的棺椁。当揭开裹在木乃伊脸部的最后一层亚麻时，人们突然发现图坦卡蒙的脸上靠近左耳垂的地方有一处致命的创伤。创伤是怎么造成的？凶手是谁？这一切都成了谜。

从一些文献史料的记载和出土的壁画文物可以大体得知：由于图坦卡蒙登基时年纪非常小，只是同老臣阿伊共掌大权。他在19岁时突然死去。在他死后，他的年轻皇后请求赫梯王派一王子与她完婚。可是赫梯王子在来埃及途中被人杀害。接下来，老臣阿伊继承了王位。

我们从这些零散的资料与传说中无法揭开图坦卡蒙猝死之谜，谜底在哪里？也许仍长眠于尼罗河充满神奇色彩的土地下，我们只有期待更多的出土资料来揭开这个谜底，也许会由此发现更多不为人知的谜团，但也可能一无所获，图坦卡蒙之死将永远无法大白于天下。

亚历山大灯塔建造之谜

古埃及享誉全球的不单单只有雄伟壮观的金字塔和狮身人面像，还有同样神秘的亚历山大灯塔。

亚历山大灯塔模拟图

灯塔修建源于一个悲惨的故事。据说，公元前 280 年秋天的一个漆黑的夜晚，月黑风高，埃及皇家一艘迎接新娘的船只在兴冲冲地驶入亚历山大港时，触礁沉没了。船上的所有人员全部葬身鱼腹。

悲剧发生之后，朝野震惊，埃及国王托勒密二世为此下令在最大的港口入口处修建导航灯塔。

这座由古希腊著名的建筑师索斯特拉特设计的雄伟灯塔，建造过程整整花去了 20 年时间，总面积为 930 平方米。塔身用白色大理石砌成，石缝之间用熔化的铅水弥合。塔柱、塔基为花岗岩石料，并用玻璃片充填。据说，当时科学家和建筑学家认为玻璃是最耐海水腐蚀的材料。

这座共分 3 层的灯塔一层为塔基，三层向上缩减为塔身，有一个塔尖。方形塔基 14 米高，在塔基正中拔起的下层塔身有 71 米高，同样为方形，上端四角各有一尊“波赛冬之子吹海螺”的青铜铸像，用以表示风向和方位。中层塔身又缩成细柱形，9 米高。在中层塔身的八角方位上立起 8 根石柱，共同支起一个圆形塔顶。上层塔身之上是一圆形塔顶，火炬昼夜燃烧不熄。一尊高达 7 米的海神波赛冬的青铜立像屹立在塔顶。

人们怎么也不明白 2 000 多年前的人们是怎么建造出这样的庞然大物的，许多历史学家、考古学家、海洋学家不断追寻灯塔的踪迹。经过大规模的清淤、发掘，确定几千年前亚历山大灯塔确实存在。

今天，从海滨大道到法罗群岛有 1 千米的车程，游客的汽车可以直接开到遗址附近。在灯塔的遗址上，一座 1480 年建造的城堡巍然而立，巨大的方石散落在城堡周围，它们与城堡一起抗击波涛经年累月的无情冲击，默默地望着身边的海港和城市。今天亚历山大海角立有一座新灯塔，但远远不如古灯塔壮观。

像金字塔、万里长城一样，亚历山大灯塔的建筑之谜至今无人能解，或许这才是它的传奇之处。

谁杀害了马其顿亚历山大大帝？

亚历山大大帝一生纵横无敌，他曾率领马其顿希腊联军发起对波斯帝国的远征，用近 10 年的时间把东方广大地区征服，从而建立了横跨欧、亚、非三大洲的庞大帝国，然而，这位纵横天下的大帝却于公元前 322 年夏在巴比伦猝死。他到底死于什么原因呢？

生于马其顿都城伯拉的亚历山大大帝（公元前 356－前 323 年）出身于新兴的王族家庭，他的父亲就是腓力二世。他小时候曾拜著名哲学家亚里士多德为师，从而受到良好的希腊文化教育，他 16 岁就随父出征，从而学得不少军事知识。他公元前 336 年即位，并先后平定宫廷内乱，制服北方诸侯反叛，击败了希腊各邦的反马其顿运动。公元前 334 年春，亚历山大带领着他的马其顿希腊联军，穿过赫斯斯湾海峡远征波斯。公元前 333 年，在小亚细亚伊苏城附近把大流士三世率领的波斯军打得落花流水，并俘获了大流士三世的母亲、妻子。公元前 327 年夏，利用印度诸国之间的矛盾，亚历山大占领印度西北的许多地区。但是由于当地人民的顽强抵抗以及战士的厌战情绪，再加上当地气温高，瘟疫流行，亚历山大被迫撤军。公元前 324 年，亚历山大军队分别从海陆两路回到了巴比伦。

公元前 323 年夏，亚历山大突然暴病而亡，这时他正准备着一次新的远征。是何种疾病夺去了亚历山大的生命？对此史学家们有着许多不同的看法。

第一种看法是他死于恶性疾病。苏联学者塞尔格叶夫曾在《古希腊》中提过。在《亚历山大新传》这本书中，美国学者高勒将军认为“亚历山大由于长期在沼泽地区作战而染上恶性疾病，在 6 月 13 日晚上发作，从此离开人世”。他来不及留下遗嘱，更没时间指定由谁来继位，持同样看法的还有我国史学家吴子谨教授。

第二种看法是，英国著名史学家赫·乔·韦尔斯认为：“在巴比伦，亚历山大有一回酩酊大醉以后，突然发烧，从此一病不起，不久就死去了。”《大英百科全书》也有这样的看法：“在一次超长的酒宴之后，他突然一病不起，10 天之后，即公元前

323 年 6 月 13 日去世了。”

第三种说法是亚历山大为毒药所害。在古希腊史学家阿里安的《亚历山大远征记》中说部将安提帕特鲁送给亚历山大一副药，正是这副药让亚历山大命丧黄泉。还说药是盛在一个骡蹄壳里，由安提帕特鲁的儿子卡山德送到亚历山大那里去，这副药是亚里士多德替安提帕特鲁配的。卡山德的弟弟埃欧拉斯里是亚历山大的御杯侍从。由于亚历山大不久前曾冤枉过他，他一直怀恨在心。但到底是什么原因使得这位正处于人生、事业巅峰的亚历山大大帝一病不起，至今仍让人不得而知，只有让后人面对着他所建立的不朽功勋大发感慨。

埃及艳后自杀迷雾

在埃及，几乎无人不识克里奥帕特拉。她常像诡异壮观的金字塔群一样为众人所津津乐道。这不单得益于她沉鱼落雁、闭月羞花般的容貌和维纳斯般的身段，更得益于她那富有传奇色彩的一生及至今不为人知的死亡之谜。

公元前 51 年，托勒密十二世逝世后，依照埃及当时法律和遗诏规定，21 岁的克里奥帕特拉和小她 6 岁的异母弟弟结为夫妻，共同执掌政权。公元前 48 年，在宫廷争斗中失败的她被其弟从亚历山大城逐出去。克里奥帕特拉野心极大，她在叙利亚和埃及边境一带招兵买马，打算重返埃及从弟弟手中夺取王位。

此时，适逢罗马国家元首恺撒来到埃及，克里奥帕特拉的一个同党在此过程中为她献计：派士兵扮成商人，把包在毛毯里的女王抬到恺撒的行馆。恺撒打开来看，惊喜万分，在他面前出现的竟是克里奥帕特拉七世。她的美貌立刻使恺撒着迷了。自此，两人共浴爱河，成为一对佳偶。

作为克里奥帕特拉夜闯军营这一“壮举”的回报，她成了埃及女王，独揽大权。克里奥帕特拉不久后便为恺撒生了一个儿子，取名恺撒·里昂或托勒密·恺撒。天有不测风云，公元前 44 年 3 月 15 日恺撒遇刺身亡，她失意地离开了罗马，返回埃及。随后，她毒死托勒密十四世，立她和恺撒所生之子为托勒密十五世，共同统治埃及。

恺撒之后，安东尼和屋大维分别统治着罗马的东西部分。克里奥帕特拉七世用自己的美貌又俘获了安东尼。

为了增强和屋大维的联盟，安东尼曾娶屋大维的姐姐为妻。但是，不到 3 年，他送走妻子，与克里奥帕特拉七世结了婚。更昏了头的是，他居然将罗马帝国部分疆土赐给女王。这让罗马人义愤填膺，安东尼在罗马也因此威信扫地。

公元前 32 年，屋大维与安东尼

彻底决裂。

公元前 31 年，屋大维与安东尼在阿克提乌姆海角会战。

公元前 30 年，屋大维逼近埃及，此时埃及军队发生内乱，安东尼眼看大势将去，便把披甲解去，抽出佩剑自杀了，时年 52 岁。

被屋大维活捉的克里奥帕特拉得到她将被作为战利品带往罗马游街示众的消息后，便请求屋大维让她祭奠去世的安东尼。之前，她已把自己的遗书写好了。沐浴后，她用了一顿丰富的晚餐。此后，便失落地进入自己的卧室，躺在一张金床上，非常安详地睡去，但从此没有再醒过来。

匆忙赶到的屋大维把她的遗书展开，女王请求把她与安东尼埋葬在一起。对她的自杀屋大维虽然有些失望，但由衷地佩服她的伟大，便依照她的遗书，把她的遗体葬在安东尼身边。

那么她究竟是用何种方法自寻死路的呢？

大多数人认为，女王提前将一只藏有一条叫“阿斯善”的小毒蛇的盛满无花果的篮子带进墓中，再让小毒蛇咬伤自己的手臂，因中毒昏迷而死亡。抑或是，女王早就在花瓶里喂养了毒蛇，然后用一支金簪在蛇的身体上刺，引它发狂，直到把她的手臂缠住。持这种观点的人依据考证资料提出：卧室朝向大海的一边开着一个窗户，从这里受惊的毒蛇完全可以溜走。此外，女王的医生证明，她的手臂上，的确有两个不是很明显的疤痕。

也有不少人不同意上述两种观点，因为咬伤或刺伤的痕迹没有在死者尸体上发现，在卧室中也没有发现任何有毒的小蛇。他们认为服毒而死的可能性最大。究竟谁对谁错，实难判定。

古罗马皇帝提比略为何选择自我流放

古罗马的诸多皇帝在合上眼的那一刻不是轰轰烈烈战死疆场，就是暴虐过度被碎尸万段，要不就是毫无防备遇刺身亡。惟有提比略显得如此另类与安静。喜欢过离群索居生活的提比略直至生命的最后一刻依然驻守在自我放逐之地康帕尼亚。

可是，他为什么自我流放呢？古罗马历史学家塔西佗认为，提比略自我流放的原因有两个：一是由于提比略手下大将谢雅努斯的阴谋。但是塔西佗考虑到这样一个事实，那就是在谢氏被处死后，他同样离群索居达 6 年之久，所以另一面怀疑是出于己意，“目的是想借此来掩盖那由于他的行动而昭彰于世的残酷和淫乱”。这可能是其经过深思熟虑和下定决心才实施的。罗马帝国早期著名传记体历史作家苏维托尼乌斯则认为因为提比略的儿子分别不幸在叙利亚和罗马死亡，所以他想独自一人静一静。还有一种说法认为提比略老年时对自己的外貌特别敏感。他长得比较高，肩部下垂，却又瘦得出奇，脑袋上一根头发也没有，满脸又都长着脓疮，经常涂着各种膏药。当他隐退后已经习惯于不和人们见面，而只是自己偷偷地享乐。

与前述众说截然不同的是，提比略的出走是由于他母亲的专横性格而致。他不能容忍他母亲与他一起共掌大权，但又不可能除掉她。

总的说来，古代人对其放逐的原因侧重在他的体质弱点和伦理道德方面，而近代史学家对此的看法和猜测则偏重于社会和政治方面的考虑。前苏联史学家科瓦略夫认为："早在公元 26 年，在病态的对人的厌恶和谢雅努斯的劝说的影响下，提比略离开了罗马。"爱德华·特·萨尔蒙则认为：提比略的目的可能是"第一使他的继承人可以获得经验，第二是为了逃避阿格里帕那的对一个自然海岛堡垒的密谋"。

无论如何，猜测与推断终不能最终得出提比略长期自我放逐的真正原因。自我恐惧也好，心理变态也好，都可能只是诸多原因之一。现在，大量的中外史学家们正在全力以赴地揭开这个谜。

真的是尼禄放火焚烧了罗马？

在古罗马的民间传说中有尼禄自焚旧城以建新城之说。大火整整燃烧 9 天 9 夜，成千上万的生命财产被火舌吞噬，宏伟壮丽的宫殿、神庙和公共建筑物都被烧成灰烬，无数金银财宝、艺术珍品、不朽文献都遭到浩劫。

大火真的是尼禄所放吗？

古罗马历史学家塔西佗认为是尼禄放火焚烧罗马城的，他写道："尼禄利用罗马大火的废墟来修造一座以他的名字——尼禄·诺波里斯命名的新首都。"又说："因为火是从埃米里乌斯区提盖里努斯的房屋那里开始的，这种种迹象都表明尼禄是想取得建立一座以他的名字命名的新首都的荣誉。"在他的作品中还写道："当大火吞噬城市时，没有人敢去救火，因为许多不允许人们去救火的人不断发出威胁，还有一些人竟公然到处投火把。他们喊着：'我们是奉命这样做的。'"

据当时流行的传闻说，尼禄幼年丧父，由其母亚格里皮娜抚养成人。在尼禄当政之初，他比较畏惧其母后的权势，渐渐地开始怨恨起母亲对他的控制，母子之间的矛盾日益尖锐。公元 59 年，尼禄策划了一起可怕的阴谋，派人害死了他的母亲。在这之后，一些富有政治经验的官员不断受到排挤，一批阿谀奉承、极尽谄媚能事的佞臣被提拔上来。至此尼禄更加肆无忌惮，他整日不务政事，肆意挥霍，纵情享乐。

在罗马城发生火灾时，据说尼禄不但坐视不理，还有教唆纵火的嫌疑，人们都谴责他是大火的纵火者。另有人传说因为他厌恶简陋的旧城或者是为了观赏火光冲天的景致，而纵火焚烧罗马城。

尼禄是罗马历史上有名的暴君，他既然敢害死自己的母亲，也没有理由不敢纵火烧城。但敢与不敢、能与不能并不等于事实即是尼禄所为。真正的罗马大火纵火者还有待进一步发掘、考证，使其“现身”于世人，“现身”于历史。

匈奴王阿提拉新婚猝死之谜

1 500多年前的匈奴王阿提拉在那个时代统领大军，与罗马帝国大军战斗，给他同时代的人留下的是一个深刻并极其可怕的印象。公元449年，一位拜访过阿提拉的罗马历史学家曾经在他所写的史书中提及了很多与阿提拉宫廷有关的情形。在这位罗马历史学家的笔下，匈奴王阿提拉成了一个十分丑陋的侏儒，扁鼻子，头大，肩部宽阔，几根胡须疏疏落落地长着。而另一位见过阿提拉的历史学家则说：为表示高人一等，并非他人能及，匈奴王常常高视阔步；匈奴王还有骨碌碌不停地转眼球的习惯，仿佛对他所带给人们的恐怖颇为自得。阿提拉相当信奉鬼神说，而且大字不识，但是被罗马人统称为“野蛮人”的所有部落民族，几乎都是这样。然而阿提拉聪慧过人，对如何驾驭蛮人极其在行，并且人人都愿意服从他的命令。

阿提拉明白毁坏战利品有害无益这一道理，于是他行军打仗，并不残暴，他认为与其把俘虏杀死，不如让他们做些有益的事。阿提拉也不择手段追求绝对权力，毋庸置疑，阿提拉在公元445年杀死了与他共同执政11年的兄弟布赖达。但阿提拉对于被他所击败的文化较高的敌人，则要比别的野蛮民族更懂得加以礼待。在罗马帝国大片土地被攻下的同时，他甚至让罗马的官员在自己的朝廷里任职。虽然最后他获得的财富比他在贫困之时最荒诞的梦想中的还要多得多，但自始至终这些财富并没有败坏他。在节俭这一点上，甚至连批评他是“十分丑陋的侏儒”的罗马历史学家也不得不敬佩。该历史学家的书中说他吃的是普通肉食，用的是木盘子，他的部下则用银盘盛放山珍海味，尽情吃喝。

当时没有能够孤军抵挡阿提拉在欧洲北部横冲直撞的武装力量，至于士无斗志、面临瓦解的罗马帝国，更是难敌其锋芒。一直到罗马与另外一个相当强大的野蛮民族西歌德人联手，于公元451年在莫里加展开一场血战，阿提拉麾下箭无虚发的神射手和矫健的骑兵才第一次尝到了失败的滋味。

阿提拉的死是一个解不开的谜团。他在意大利娶了年轻美貌的依丽迪科，新婚之夜却无缘无故地死去，手下闯入新房时，新娘依丽迪科昏迷不醒，阿提拉已经鼻孔流血而死。他是不是被年轻的新娘谋害的？当时并未找出她谋杀阿提拉的证据。若杀死阿提拉的另有其人，这人又是谁呢？还有，既然阿提拉聪慧过人，能征善战，从不虐待俘虏，而且本人生活俭朴，又尊重人才，为什么又会成为人们心中的恶魔？是不是有人为某种目的杜撰出来的呢？这目的又是什么？这只能是一个千古之谜了。

朝鲜李熙皇帝暴死原因何在？

1919年1月22日，朝鲜李朝第26代国王李熙暴死，直接导致了震动世界的朝鲜“三·一”起义。然而，李熙为什么猝然死去，却成了一个疑题。

李熙生于1852年，是兴宣大院君李昰应的第二个儿子，12岁即位，号高宗。他的孩童时代可谓享尽了一代帝王的荣华富贵生活。但他运气不太好，等他长大成人，亲掌政权时，朝廷内部展开了争权夺利的斗争，国力日衰，因此，日、俄帝国主义便乘虚而入。从此，他饱尝了受人欺侮的滋味，有着一段苦难的经历。

1894年6月21日日本驻朝鲜公使无视国王尊严，公然带兵冲进王宫，杀人劫货，竟把李家王朝500年来靠刮取民脂民膏而聚积的珍宝抢夺一空，扬长而去。面对日本强盗，李熙无可奈何，被吓得脸无人色，浑身发抖。

1895年10月，在日本公使和汉城日军守卫队长的策划下，日本公使又派军包围了王宫，并向王宫卫队开火，40多名日本暴徒持刀闯进宫内，王后、大臣、宫女都惨遭杀害。李熙看到此景更是惊恐万状，魂不附体。

日本公使还强迫高宗下“断发令”，强制朝鲜人改变传统习俗，禁止留发，并叫嚷：“要留发者不留头，要留头者不留发。”国王在暴力威逼之下，也无它路可走，只好和太子一起带头剪发。受尽侮辱的国王感到日本人实在是欺人过甚，又想依靠俄国人来帮他出口气。1896年2月11日凌晨，国王便戏剧性地乘坐宫女花轿，潜出宫门躲进俄国驻朝公使馆内。但俄国人也不是好东西，他们要挟持国王在朝鲜人头上作威作福。国王醒悟到自己从虎口里又掉进了狼窝里，他终于返回了王宫，而俄国人看到李熙不听话溜走了，便唆使朝奸于1898年9月12日国王祝寿之日，在寿茶中放毒药，高宗用茶时感到茶中有怪味，不敢喝，太子略尝一点，便立即昏倒，经紧急抢救才脱险。国王险遭暗害。

在走投无路的困境下，为了维护国家的独立，挽救国王的尊严，国王于1907年派遣使臣前往海牙向参加第二届“万国和平会议”的代表要求保护朝鲜独立，废除日本的保护条约，但此事不仅未成，反为日本所嫉恨。1907年日本帝国主义便迫使李熙退位，并把他幽禁在德寿宫内，将其子李炻扶上台称为纯宗，这也是朝鲜历史上的末代封建国王。纯宗在位时，朝鲜政府已名存实亡。日本统监是朝鲜的最高主宰。1910年，日本便公开抛出了《日韩合并条约》，李熙改称为李太王，朝鲜作为名义上的独立也被取消了。此后，李熙父子作为日本天皇统治下的特殊臣民，被囿禁在旧王宫里，虚度其充满寂寞、怨恨的亡国之君的日子。1917年，当李熙听说他的第四个儿子同日本姑娘芳子结婚时，顿时悲愤交加，从此一直卧床不起。1919年1月22日李熙猝然死去，终年67岁。对于国王的死，朝鲜民众议论纷纷，从王宫中传出，李熙是被毒死的。说日本人指使朝奸韩相鹤把毒药放到高宗食用的醋中，李熙吃过此醋后，不久毒性发作，在痛苦中挣扎问道：“我吃了什么东西这样难过啊?”到凌晨3点钟即死去。死后两眼赤色，全身有红斑且有腐烂，不像病亡。而日本殖民当局为了遮人耳目，便发出公告，说李熙国王因脑出血而突然死去，但又没公布详细的病情报告。由于朝鲜的老百姓一直把李熙国王看成是国家的代表、臣民崇拜的偶像，此事便引起了朝鲜群众的愤慨。全国各地很多男女老少都穿麻戴孝来到首都吊丧，整整7天7夜吊唁的人络绎不绝。朝鲜国民准备把李熙国王的国葬变成一次反日民族大起义。

3月1日以孙秉熙一伙为代表的资产阶级民族主义者，不敢参加群众集会，悄悄溜到一家饭店里草草宣读“独立宣言”。而广大群众则唱着《祖国光复》歌，纷纷涌进汉城塔洞公园，当大会宣读《独立宣言》后，会场上立刻沸腾起来，人们挥舞着小国旗，散发着《宣言书》，振臂高呼：“朝鲜独立万岁!”接着，人山人海又涌向停放李熙国王灵柩的德寿宫前，不断高喊，“朝鲜是朝鲜人的朝鲜!”“日本人和日本军队滚出去!”祭灵之后，游行队伍分成东西两路在都城的8个区内进行声势浩大的游行示威。虽然日本军队挥舞着刀棍向赤手空拳的群众扑去，但游行队伍还是浩浩荡荡向日本侵略者冲去。这股反日斗争的烽火迅速燃遍了朝鲜的三千里江山。李熙国王的暴死成了朝鲜“三·

一”人民大起义的导火线。

但是，李熙皇帝究竟是病死的还是毒死的，至今仍是一个悬案。

日本的天皇世袭制是谁确立的？

说起日本皇室，其历史可谓由来已久，那么到底谁是日本帝国最早的天皇？一般的日本人都认为统一日本的第一位皇帝是天照大神的后裔，称神武天皇，是九州武士，而在日本四大岛中，九州最靠近南部。据说公元前660年，神武天皇将整个群岛的其他岛屿加以征服。此后帝祚绵延不断，传到一脉相承的第124位的裕仁天皇。

那么，日本帝国是何时才建立起来的呢？所有日本人中第一位皇帝究竟是谁呢？公元712年前日本并无史书，这一年才由太安万侣撰写了一本名为《古事记》的书。对日本从开天辟地到推古天皇（约公元592－628年在位）间的神话传说与历史事件进行记载。公元8世纪《古事记》成书时，日本诸岛已经无可争议地成为一个由野心勃勃的人统治的统一帝国。他们不仅要编造一部历史，而且为了迎合民族自尊，他们要把这部历史写得和令人羡慕的中国历史一样源远流长。因此，只能把《古事记》当做宣传品，而不能当做信史来看，连篇累牍的“事实”和“日期”都不可尽信。其次，有关日本的最早文字记载可见于《汉书·地理志》：“乐浪海中有倭人（中国古时称日本人为倭人），分为百余国，以岁时来献见云。”所记述的是公元1世纪的事。显然，当时管理日本诸岛的绝非是一个统治者。

公元3世纪初期，在九州地区（一说在本州奈良地区），出现了一个由女王卑弥呼统治的邪骀国。

根据中国史书，卑弥呼死后会立男王，但因国内纷争，改立年仅13岁的卑弥呼的宗女壹与为王。然而，九州岛一个部落领袖轻易地打败壹与，然后把她封为公主。

这个人名叫崇神，在正式皇室系谱中奇怪地被称为第10位皇帝。但提到他也和提到传奇人物神武天皇一样，把他称为“统治整个国家的头一位天皇”。有些学者认为实有崇神这个人，由于他的政绩，才导致有关神武天皇神话（崇神与神武发音相似）。因为神武和崇神两人据说都曾经从家乡九州出发征服其他地方，所以这种说法可能是正确的。

史料对崇神这个人记载得不多，从崇神到裕仁的皇室系谱实在难以确切查明，不过日本帝位最少从公元6世纪起就一直由一个家族传下，因此世界上最古老的皇室应数日本皇室。即使没有天照大神的超自然力量帮助，这个传统也是了不起的。

世界上每个民族都有诸多关于民族起源和历史传承的美丽传说，尚武的大和民族也不例外。但就现存史料而言，要确凿考证出首位日本天皇，还有些困难。除非在《古事记》之前还有其他现存史料可稽。如此看来，首位日本天皇究竟是谁还需一段时日才可水落石出。

“遣唐使”入唐的目的仅是为了学习吗？

公元 618 年，唐朝取代隋朝。日本人凭借地理位置优势络绎不绝地前往唐朝，天皇政府正式派出的“遣唐使”数目也大大增加，达到了空前频繁的程度。唐太宗李世民在公元 630 年刚刚即位那一年，以犬上御田秋为首的日本第一批遣唐使到达长安。从此，日本连续不断地派遣遣唐使。公元630—894年的 200 余年间，日本政府共向唐朝派出 19 次遣唐使，其中有 2 次受阻而未成行，有 1 次是为了迎接前次遣唐使回国，有 3 次为护送唐朝使节回国，所以，实际算来日本正式委派并到达唐朝的遣唐使应为 13 次。即使这样，也可看出日本遣唐使的频繁，那么，日本为什么要向唐朝派遣这些人员呢？

日本遣唐使来华

中国古代经济文化在唐朝发展到了空前鼎盛阶段，南洋、中亚、波斯、印度、拜占庭、阿拉伯各地大小国家纷纷派遣使节和商人前往唐朝学习唐朝的先进文化，经营中国的丝绸、瓷器及各种工艺产品。

相比之下更有地理优势和进取精神的日本人更不会落后，为了学习中国的治国经验和文化制度，天皇政府才派大批使臣、学者到中国参观学习，在日本史书上遣唐使又称“西海使”或“入唐使”。遣唐使团初期规模较小，通常每次仅有一两艘航船，每艘航船大约载 120 人，后来使团的规模逐渐扩大，每次使用 4 艘航船，团员多达 500 余人。因为遣唐使团通常都是 4 艘航船一起拔锚起航，又一起扬帆归来，所以日本的文学作品往往把遣唐使称为“四舶”。遣唐使团由政府使官、学习访问人员和航海工作人员组成。

日本政府对派遣遣唐使极为重视。所有使团人员均是精挑细选而出，凡入选使团者一概予以晋级，并赏赐衣物。政府还对留学生给予优厚待遇，一般的船员免除徭役，使团官员予以一定程度的资助，希望他们学有成就，回国效力。在使团起航前夕，要举行隆重的“拜朝”典礼谒拜天皇，天皇向正副使节赐予“使节刀”，接下来举行饯别宴会，甚至有时会专门准备唐朝筵席。

日本遣唐使极大地促进了中日之间的经济文化交流，但当时经济文化主要是唐朝流向日本。唐朝的工艺美术、生产技术、文史哲学、天文数学、建筑学、医药学、衣冠器物、典章制度等都陆续传到了日本，近几年来还曾在日本发现数万枚“开元通宝”。日本受中国文化影响很深，至今，日本民俗风情和生活习惯中仍然保留着浓厚的中国古代文化痕迹。

值得注意的是，日本遣唐使到中国的目的仅仅是为了经济文化交流和“学习”吗？日本对中国的野心由来已久，有人认为日本对中国窥探就是从遣唐使时开始的；还有人认为遣唐使与元明时期的倭寇有联系，因为当时限于本国实力和惧怕唐朝国力而由“寇”转为“使”，冠冕堂皇地出入中国，也许这个原因是空穴来风，但也许真的是有意而为之，想想有点不寒而栗。

英王威廉二世真是死于意外吗？

自古宫廷多纷争。在权势和财富的驱使之下手足相残、杀母弑父之事可谓比比皆是。人称“红面庞”的威廉二世似乎也是因为此类原因而丧命于狩猎场的。

1100年8月的一个下午，黄昏时分，英王威廉二世在新林骑马狩猎。新林是英国南部的一大片土地，当时是皇家狩猎苑。威廉的弟弟亨利和一些随从同行。一行人分为几个狩猎小组，国王和他的亲信顾问蒂雷尔一组猎鹿。国王看见一只赤鹿跑过，立刻射了一箭，射中了赤鹿，但是它没有死。很长一段时间威廉坐在马鞍上不动声色，他用手挡着夕阳的斜照光线，想看清楚那只受伤的赤鹿的行走路线。

蒂雷尔就在此时射了一箭，鹿没有射到，却把国王射中，国王向前面倒下去，那支箭在国王摔到地上的时候更深地插入他的胸膛，国王当时便没了气息。蒂雷尔急忙跑出树林向法国逃去。亨利则和其他的人策马飞奔，赶到临近的收藏皇室财宝的曼彻斯特，亨利把财宝抢到并确定予以掌握后，便马上赶回伦敦，加冕登基为亨利一世。此时，距威廉去世之日仅3天，众人从猎鹿的树林离开时，威廉二世仍然暴尸荒野。

但是国王之死至今仍是疑点重重：威廉二世是死于意外，还是被他那充满野心的弟弟谋害了呢？或是如有人所说的威廉二世心甘情愿依照异教徒的可怕教规自杀身亡呢？大多数人当然相信传说中所出现的凶兆，这凶兆是威廉到新林行猎前夕所做的一个噩梦，梦见自己躺在血泊中而被惊醒，惊醒时不断狂叫。此外，还有人说听见国王命令蒂雷尔杀死他，因为根据威廉信仰的“宗教”，他已经老而无用，作为一个权力逐渐衰落的国王，必须在仪式中引颈就戮。

威廉一世共有 3 个儿子，威廉二世是老二。威廉一世在世时已给 3 个儿子分家，留给长子罗伯特的是法国的诺曼底，给次子威廉的是英国，亨利则没有土地，只获得一笔财富。大哥与二哥经常争执不下，甚至兵戈相见，但是罗伯特在 1096 年以诺曼底为抵押，向威廉借了他所需的钱。罗伯特在 1100 年夏季启程返国时，还娶了一个十分富有的女人。威廉决定，决不让哥哥还债把诺曼底赎回，他开始计划强夺诺曼底。新林猎鹿驾崩事件就是在做这种准备的时候发生的。

同时，如果亨利真的企图篡夺英国王位，他一定已把形势看得非常清楚，出乎意料的新发展对他篡位的计划有所妨碍，所以亨利先下手为强，其后只需对付一个哥哥而不必再与两位兄长争雄。威廉驾崩，罗伯特又远在他乡，亨利就能篡夺他原本无权过问的王位。证明亨利要对猎鹿时发生“意外事故”负责的一个有力证据是：他从未试图抓蒂雷尔回来以弑君之罪论处，甚至没有没收蒂雷尔的土地以示惩罚。

可是，以亨利的本领和为人是否能组织这样一个谋朝篡位的大阴谋呢？蒂雷尔跟主谋勾结杀掉恩公和朋友，又会得到什么好处呢？事实上自惨祸发生后直到去世时，蒂雷尔都不承认他有弑君行为。

依上所述，亨利的嫌疑不可不谓是最大。但他要策划这样一个缜密的阴谋却也不是件容易的事情。真凶何在，我们拭目以待。

苏格兰女王玛丽谋杀亲夫罪名成立吗？

大千世界无奇不有，生物界里诸种动物为了生存和繁衍后代，在激情万丈的新婚之夜时常有悲剧发生。譬如新婚燕尔的螳螂夫妇，母螳螂总要在良宵一刻值千金之时吞噬掉自己的丈夫。那么作为具有社会属性的人，苏格兰的玛丽女王谋杀亲夫又是为了什么？难道也是迫不得已？

1565 年 7 月，年轻漂亮的苏格兰女王玛丽嫁给了亨利。亨利年轻帅气，而且是伊丽莎白的堂弟。最后一点使亨利成了玛丽获取英格兰王位的同盟者，玛丽完全有理由相信这桩婚事将为她成为伊丽莎白的继承人增加分量。

1568 年 2 月 9 日，玛丽离家到城中参加一个仆人的婚礼，几个小时后，柯克欧菲尔德行宫燃起了大火。

后来人们在花园中发现了亨利的尸体，显然他已从火海中逃了出来，但却在外面被人掐死了。

许多人都相信，这次暗杀活动幕后的主谋是亨利的死对头博思韦尔伯爵詹姆斯·赫伯思。博思韦尔伯爵4月被控告犯有谋杀罪。争议最多的问题是，玛丽是否参与了这次谋杀活动？

谋杀亨利的事情已经使玛丽的统治危机四伏，而她嫁给博思韦尔伯爵则更是加速了她的统治的终结。

1568年12月，马里伯爵亲自赶往西敏寺，对玛丽进行指控。他带来的证据使人们感到无比震惊：这是玛丽写给博思韦尔的许多信和为他做的十四行诗——在此之前，关于这些东西还只是传说而已。在这些信和诗中，她吐露了自己对博思韦尔的炽热的爱以及对亨利的强烈的恨。

这些信件可以说是非常有力的证据，它们不仅表明玛丽参与了谋杀案，而且还曾与人通奸。但玛丽否认这些信是她写的。

历史学家们对于玛丽在亨利的死亡之中所起的作用这个更为关键的问题已经有了比较成熟的看法。多数证据都表明，玛丽和这场谋杀案有某种联系。因为虽然亨利曾参与杀害里齐奥，而且又得了梅毒，她却不计前嫌，敦促他回到爱丁堡，她在火灾发生之前几小时才离开现场。在亨利死后几个月，她就匆忙嫁给博思韦尔——所有这些都表明，玛丽似乎已经有了某种预感，但这还缺乏直接有力的证据。

在伊丽莎白还活着时，人们对玛丽就有截然不同的看法。在新教作家们眼中，她是一个信仰天主教的阴谋分子；在天主教徒们眼中，她是一个无辜的殉难者。当伊丽莎白去世，由玛丽的儿子詹姆士继承王位后，人们的看法开始趋于一致：她成了一个命运不济、爱情不幸的浪漫的女英雄。这一形象一直保留到今天。

自古英雄难过美人关，红颜难过薄命关。玛丽到底有没有谋杀亲夫？谋杀亲夫又是所为何事？移情别恋抑或妒火中烧？如果果真是她所为，那么她仅仅只是计谋的策划者还是整个行动的参与者？所有这些都有待进一步考证。

查理一世真的死在断头台上了吗？

日不落的大英帝国之所以能在强手如云的欧洲大陆独领风骚数百年，无不得益于那一场场血雨腥风的资产阶级革命与暴动。刚愎自用、蛮横专制的查理一世也正是在17世纪的民主革命中被一举推上断头台的。

16世纪末17世纪初，英国新兴的资产阶级利用议会与封建王权展开了斗争。1603年后，斯图亚特王朝为了巩固君主专制，不断地解散议会，议会与君主专制的斗争更加激烈，这也使反封建的革命运动不断向前发展。

查理一世为了能够实行绝对个人专制，1629 年开始，他就停止召开议会，并一直持续了 11 年，这样英国国内矛盾一步步加深，致使苏格兰人民在 1637 年发动起义，并攻入了英国境内。为了镇压苏格兰起义，查理一世被迫召开议会。这届议会从 1640 年断断续续地一直开到 1653 年，后来被称作“长期国会”。在人民群众的支持下，长期国会对君主专制进行了猛烈的攻击，并对君主颁布的征税案表示拒绝。为了得到议会的帮助，查理一世作出了很大的让步。但查理一世不愿意就此把权力送给别人，他 1642 年从伦敦逃到英国西北部地区，并与那里的保王派势力联合，发动了讨伐议会的内战。此后，革命进入了战争阶级。

刚开始，由于议会军由长老会派领导，他们胆小怕事，一味妥协，致使议会军节节败退。1644 年，以克伦威尔为代表的独立派取得了领导权，克伦威尔上任后就改组军队，建立了“新模范军”。这支主要由农民和手工业者组成的军队纪律严明，英勇善战，连续击败了王军主力，使局势发生了变化。1645 年 6 月，在纳西北战役中王军被彻底打败，议会军赢得了第一次内战的胜利。

胜利以后，革命阵营出现了代表上层贵族和大资产阶级利益的长老会派、代表中等贵族和资产利益的独立派、代表农民和手工业者利益的平等派，这三派之间矛盾重重，进行了复杂的政治斗争。独立派由于控制着军队，所以势力更强大，他们首先把反动的长老会派分子驱逐出议会，然后又开始镇压有一定影响的平等派，控制了国家政权。趁三派之间互斗之际，1648 年春，查理一世又纠集王党分子发动了第二次内战。面对强敌，独立派与平等派握手讲和，携手迎战王党军队，这样仅仅几个月，就又一次打败了王党军队，并俘获了查理一世。

1649 年 1 月 2 日，议院组织最高法庭对查理一世进行审判，判决处死国王。

查理一世被押上断头台，标志着英国资本主义已正式取代封建统治，整个欧洲也从此翻开了崭新的一页。

查理一世上断头台

但事隔不久，有人却在英法边境的某个偏僻山庄看到过身着农衣、头戴草帽的查理一世。据说，查理被送上断头台那天中途被人掉包。因而被处以极刑的应另有其人，真正的查理一世早就逃之夭夭。查理是否幸免一死还很难说，但封建君主制的衰亡却是历史定局。

伊丽莎白女王终身未嫁的原因是什么？

伊丽莎白 25 岁登基为王，以其美貌、学识和至尊地位引得欧洲大陆无数王公贵族尽折腰，争相向她邀宠求婚。然而她却终身未嫁，这究竟是怎么回事呢？

伊丽莎白女王

伊丽莎白虽然独身终生，但她也曾利用自己的婚姻大事作为资本，于欧洲各大国之间周旋。第一次是在她登基不久，当时国际社会迟迟未承认她作为英格兰女王的合法身份。法兰西人更在为结束西班牙与法兰西之间战争而举行的卡托—堪布累齐谈判中公然向伊丽莎白发难，提出了谁是英格兰王位合法继承人的问题。

伊丽莎白非常明白法兰西人的险恶用意，她不动声色地在暗中打起腓力二世这张牌来。在一段时间内，她对腓力二世的求婚既不回绝又不应允，使腓力二世对联姻怀有希望，然后借助西班牙在国际事务中的影响力，敦促其他国家认可伊丽莎白作为英格兰女王的合法身份。求婚之事因此就拖了几个月。直到伊丽莎白了解到英格兰特使已在卡托—堪布累齐和约上签字，说明国际社会已承认了她作为英格兰女王的合法身份后，她才一改几个月以来的模糊态度，明确告诉西班牙使节，她不能与西班牙国王腓力二世联姻，原因是双方宗教信仰不一样。

此后，伊丽莎白多次将自己的婚姻用作进行外交的一种工具。众多王公贵族向伊丽莎白求婚时她都没有答应，她或许根本不打算结婚，然而她严密地隐藏自己的想法，她从不向各国王侯贵族关上求婚的大门，而是欲言又止，一直让他们对联姻之事怀有希望。

不想结婚的伊丽莎白也喜欢与男

人交往，在宫廷之中，就有不少她喜爱的宠臣，达德利勋爵是其中最令她心仪的人。高大强健的达德利是贵族之后诺森伯兰公爵的公子，他英俊潇洒，一表人才。伊丽莎白对他十分宠爱，在 1564 年竟加封他为莱斯特伯爵。实际上，伊丽莎白早就有与他结婚、永为伴侣的打算。可是有一件事情令她最终放弃了此念。那就是，莱斯特伯爵在成为女王宠臣之前已是有妻室之人。而且很凑巧，莱斯特之妻罗布莎特有一天突然命丧九泉，因此有好事者传说，罗布莎特是其丈夫为与女王成婚而故意谋杀致死的。不管此事是否属实，终究是人言可畏，女王深恐与莱斯特结婚会引来非议，有损君王尊严，终于未能结成连理。

1578 年，法兰西国王亨利二世之弟、年轻的阿朗松公爵亲自登门向伊丽莎白求婚，但这场求婚却成了一场马拉松，直到 5 年之后，即 1583 年，50 岁的伊丽莎白才明确宣布拒绝了他的求婚。

阿朗松成为了最后一位求婚者。此后伊丽莎白便没有提过婚嫁之事，其中奥秘如何，那恐怕就是一个无法解释的谜了。

拿破仑死因迷雾

拿破仑这位欧洲历史上叱咤风云的人物，其一生充满了传奇色彩，有关他的死因更是迷雾重重，世人至今不得其解。

法皇拿破仑

滑铁卢一战之后，拿破仑一蹶不振。他被英国政府流放到既远离欧洲又不利于进退的大西洋南部的圣赫勒拿岛上，这样做，一方面是为断绝拿破仑东山再起的念头；另一方面，也表明英国政府对这头关在笼子里的雄狮还是非常害怕的。

英国人清楚，拿破仑是一个能够创造奇迹的伟人，他完全能做出一些想象不到的事。过去发生的事情已经充分证实了拿破仑的这种天才能力。

1815 年 10 月 16 日，拿破仑被诺森伯伦号轮船送到圣赫勒拿岛，开始了他的流放生涯。登岛初期，拿破仑还比较乐观。此时的他，身体很健康。他每天早晨学习英语，口述回忆录，夜晚经常和邻居们一起吃饭，坚持锻炼身体。

促使他积极地生活着的力量究竟是什么呢？这种力量就是他期望欧洲的政局会有所变化，他能够再次被允许回到他的故乡欧洲。拿破仑制定了一个借用替身潜逃的方案。本来这个方案是天衣无缝的，但是，或许是上帝精心布置，它跟这位天才伟人开了个小小的玩笑，那个可怜的替身在一个不大的海浪来袭时被大海吞没。一时拿破仑仰天长啸，老泪长流——天意不可违，命中注定该有此劫！从此，拿破仑精神委靡，一病不起。

此外，他最信任的代理人西伯里阿尼的暴毙以及好朋友巴尔坎和古尔高一家的离开，都使他的伤心加剧，拿破仑最初的那一点点希望的肥皂泡终于被打破了。盟国的君主们于1818年11日聚在一起开会，一致同意无限期流放拿破仑，把他置于英国的监禁之下。当他获知这一决定自己余生的消息时，他觉得，那个他魂牵梦萦的欧洲永远地抛弃了他，从此，他沉默了。

他的身体状况到1819年变得非常糟糕，征服拿破仑的身体的究竟是一种什么力量？难道是圣赫勒拿岛恶劣的气候吗？答案不会如此简单。之后拿破仑身体每况愈下，经常因疼痛得过于剧烈而昏迷不醒、恶心呕吐，牙齿不断脱落，浑身无力。当时的英国医生认为他得了肝炎，并且怀疑他得了癌症。

5月5日，他几乎没有呼吸了，所有在岛上的法国人都到他屋里。“法兰西……军队……先锋”是离他最近的人听到的他最后的话。下午5时49分，拿破仑辞别了人世。这时，暴风雨袭击小岛，全岛为之震动。

这位曾经取得辉煌成就、把欧洲搅得天翻地覆的人，就这么走完了他的一生。拿破仑虽然个子不高，但体魄强健，他的英年早逝在当时人们的心里就留下了一个很大的疑团。后人对其死因更是充满了好奇。20世纪末，曾有科学家声称得到了拿破仑死后的一根头发，经化验，拿破仑头发中含有有毒物质，怀疑他是中了慢性毒而死，但有关他的确切死因还是无从考证。有关他辞世的原因到了21世纪的今天便越发地难以解释了。

沙皇亚历山大一世消失之谜

被后人称为“北方的斯芬克斯”、“神秘沙皇”的亚历大山一世尽管统治的时间并不长，却留给后世许多未解之谜，甚至连他的死都成了一个未知真假的谜。

亚历山大于1825年9月与皇后伊丽莎白去亚速海海岸的一个叫塔冈罗格的小镇度假。不久之后，俄国皇室便发出讣告：亚历山大一世因病医治无效，在休养地驾崩，时年 47 岁。

沙皇亚历山大一世

猜测和传说在沙皇死后不久便不胫而走：有人认为，沙皇已乘一艘英国船到圣地巴勒斯坦克去朝圣了；也有人说，是哥萨克人把沙皇劫走并藏匿起来了；还有人称，沙皇已私下里前往美洲。尽管有很多种说法，但都认为沙皇还活着。1921 年，苏联挖掘出亚历山大的棺材，发现里边什么也没有。历史学家猜想，这位“替身”的尸体已被暗地里搬走了。

沙皇逝世 10 年以后的一天，一个自称叫费道尔·库兹米奇的仪表超俗、雍容高雅的老人突然出现在乌拉尔山区的一个村子里。他无法证明自己的经历和身份。据说他的外貌与亚历山大极为相似。依照法律，他被罚 20 大板后，便被流放到西伯利亚。最初不断迁居，最后凭借一位富商克罗莫夫的资助才有了自己的房子。

这位库兹米奇通晓古今，对重大的政治事件亦了如指掌，他常谈论修道院院长福狄斯、莫斯科大主教菲拉雷特，一个一个地数库图佐夫元帅的赫赫战绩，讲述俄军开进巴黎的情况，甚至还能说出当时沙皇的左右随从。人们完全相信，这位名叫库兹米奇的老人一定曾经与政界要人交往甚密。有人说，在某一时间内，他常收到一个与亚历山大一世的母亲同名、叫玛丽·菲欧多果夫娜的女人寄来的衣物和钱。另外，有一位农民说，伊尔库茨克的主教曾经亲自来拜访过他，并同他交谈了很长时间。

他的行为举止与沙皇也极为相似，他也喜欢把拇指插在腰带中间。亚历山大一世的长子与亚历山大三世的弟弟均来看望过这位长者。当着库兹米奇的面一位随行老兵曾失声大喊：“他是我们的沙皇！”

1864 年 1 月 20 日库兹米奇去世，直到临终前，他也没有透露自己的身份。若是有人请求他说出自己的身世时，他就重复地说：“上帝一定会把自己的亲人认出的。”以这句话来回答别人的提问。

人们在他死后给他搭建了一个小祠堂，墓碑上写着：“上帝的选侯——费道尔·库兹米奇躺在这里。”

“上帝的选侯”正是亚历山大一世打败拿破仑之后正式接受的称号。

费道尔·库兹米奇真的是亚历山大吗？他为何在晚年抛下皇位而去做一位普通的村民呢？这件事看来只有靠“一定会把自己的亲人认出的”上帝来解决了。

尼泊尔王室枪杀案的真相如何？

要列举出世界上守卫森严的地方，王宫应该算得上是一个，然而，就在戒备森严的尼泊尔王宫里，曾发生了一起耸人听闻的枪杀案。

2001年6月1日晚，尼泊尔国王比兰德拉、王后艾什瓦尔雅、小王子尼拉詹、公主什鲁蒂等10名王室成员在纳拉扬希帝王宫被枪杀身亡，其他24名人员受伤。又据报道，王储迪彭德拉在开枪射杀了国王和王后后开枪自杀未遂，身受重伤，后经抢救无效于6月4日去世。

事后尼泊尔王宫事件调查委员会公布，这起王室枪杀事件完全是由前王储迪彭德拉一人造成的，其主要原因是他当天晚上喝威士忌酒过多。

而最流行的说法是王后与王储在选择王妃问题上发生了争执，王储一怒之下杀了全家，最后饮弹自尽。当年王储迪彭德拉选定的意中人是德芙雅尼。德芙雅尼的母亲乌沙拉吉是印度瓜廖尔土邦王的女儿，嫁给了尼泊尔拉纳家族的帕舒帕逖·拉纳，拉纳家族是尼泊尔最显赫的家族，后又分为两个相互对立的分支。而王后艾什瓦尔雅与德芙雅尼分别属于这两个分支，王后不希望与自己家族对立的成员成为未来尼泊尔的王妃，更何况德芙雅尼还具有印度血统，尼泊尔的反印情绪又很严重。

由于迪彭德拉坚持非德芙雅尼不娶，最后艾什瓦尔雅王后警告儿子说，如果他一意孤行，她将让国王废除迪彭德拉的王储身份。这无疑在迪彭德拉心上捅了一刀。同时，迪彭德拉对民主政治深恶痛绝，他敦促国王恢复君主立宪制度，遭到了父亲的否决。王储有一种巨大的挫折感。当他的婚姻受挫，在家族政治中又不如意时，他是否会下狠心报复全家呢？还是有人借机在制造灭门血案呢？

但调查委员会的调查结果本身亦难以服人。如果真的是王储醉酒杀人，为什么没有警卫上前阻止？既然是晚宴，难道没有服务人员在场吗？血案发生后，为什么没有验尸就把王室成员的尸体匆匆火化？

针对调查小组的王储酒后杀人一说，又有报纸宣称，尼泊尔军方一名军医在对迪彭德拉王储的血样进行化验后宣布，王储血样中并没有酒精成分。这一报道又为本已疑点丛生的血案抹上了一团疑云。

又据说让迪彭德拉王储致命的子

弹是从其背后射进去的，这就排除了自杀的可能。许多尼泊尔国民对凶手是否另有其人提出了疑问。一位尼泊尔商人说：“我认为这次血案是其他人干的。一个真正的尼泊尔人是不会杀父弑母、残害手足的。这是政府在捣鬼。”

一个王储真的会做下这种十恶不赦的杀父弑母的罪行吗？这场王室枪杀案的真相又如何呢？这所有一切，只能成为尼泊尔人民心中永远的谜了。

纳粹元帅赫尔曼·戈林

戈林服毒身亡的毒药从何而来？

赫尔曼·戈林生于1893年，是法西斯德国第2号人物，深得希特勒赏识，参与策划了德国纳粹的一切重大行动，是一名罪大恶极的战犯，德国战败后落入美军之手。就在纳粹战犯被世界人民审判的日子，戈林竟在纽伦堡监狱服毒自杀。经法医检验，戈林距上绞架还有两个小时的时候服了剧毒化学物氰化钾自杀，为了弄清毒品从何而来，理查德将军负责对此事进行追查。

戈林在被彻底搜身后关进了奥格斯堡。1945年5月，戈林被送到蒙道尔夫关押，因为他的身份非常特殊，所以对他的看守非常严密。在他住房的四周安装了高高的铁栅栏，还设了瞭望台，而且房子的每个角落都有卫兵把守，并在窗户上安装了铁丝网。仅有一张床和几把椅子在他的囚室中。没过多久，他又被送到了上述的纽伦堡监狱，被关押在第5囚室内。这里的管理更加严格，除了一套供换用的衣裤外，其他所有多余的衣服鞋袜都被收走。屋内的床被固定在地上，桌椅则白天搬进晚上搬出。而且，窗户上的玻璃是有机玻璃，室内不留电线和金属物品。囚室内的灯整夜亮着，以便看守通过门上的监视镜监视他的一举一动，戈林在这种情况下几乎是被完全地与世隔绝了，可是就是在这种连一个蚊子、一只耗子都不能自由进出的情况下，戈林居然很从容地服毒自杀了！究竟是哪个环节出了差错呢？

10 月 19 日，一个出人意料的结果震惊了所有的人，调查人员在戈林囚室的奶油罐中发现了毒瓶。这意味着戈林一直都藏有毒药并且毒药藏在监狱的储藏室中。那么，他是如何在严密的监视之下取得毒药的呢？一定有人暗中帮助他，帮他的人是谁？这人又受谁指使？调查人员找不到蛛丝马迹。戈林服毒一案也成了一桩悬案。

凶神门格尔

“死亡天使”门格尔潜逃迷踪

门格尔这个名字，能让二战时期的犹太人不寒而栗，然而，就是这个有着犹太人的屠夫——“死亡天使”名号的门格尔在二战后却逍遥法外，未受到应有的惩处。这是为什么呢？他最后的结局又如何呢？

在第二次世界大战中，门格尔是惨绝人寰的灭绝犹太种族计划的策划和实施人。1939 年 9 月德国占领波兰后，在奥地利骑兵营房的基础上建立了最大的屠杀无辜平民和战俘的集中营——奥斯维辛集中营。门格尔把无数的犹太人送进奥斯维辛集中营的军火公司和德国法西斯的工厂，失去利用价值的犹太人后被关进毒气室，焚尸灭迹，还有数以万计的犹太人被送入纳粹的医学实验室，进行毫无人性的医学试验。战争结束后，国际法庭在审判法西斯德国战犯时，认为门格尔的罪行是直接参与屠杀 40 万犹太人的计划，被定为纳粹战犯。

秘密档案清楚地表明：1949 年 5 月 20 日门格尔搭乘“菲利帕”号客轮到达布宜诺斯艾利斯。他的身份是国际红十字会成员，他化名烟格雷格·海尔穆特。

1955年阿根廷国内发生了军事政变，推翻了执政9年之久的正义党庇隆政府，右翼军政府执掌政权。一年以后，门格尔地下活动转为公开，大模大样地进入了联邦德国驻阿根廷的使馆，大使馆发给了他正式身份证，在身份证上清楚地记载着他自己本来的名字、出生地和出生年月，他堂而皇之地以“制造商”自居，娶了一个德国女子玛丽亚·玛塔·维尔。因为他有德国大使馆签发的正式身份证明，阿根廷军政府即刻为他办理了在阿根廷定居的所有合法手续，门格尔以原来的身份在阿根廷的各种社会场合频繁露面。

据档案材料看，国际刑警组织曾多次向阿根廷政府提出要求，催促阿根廷警方协助国际刑警组织调查门格尔的活动。在国际刑警组织多次要求下，阿根廷警方无可奈何地着手调查，但这种调查纯粹是官样文章式的应付而已。在阿根廷政府的袒护和支持下，1959年，门格尔居然公开地以自己真实的面貌堂而皇之地回到德国，参加他父亲的葬礼。

国际舆论纷纷谴责阿根廷的不义之举。1963年阿根廷政府被迫同意协助国际社会调查。门格尔获悉后，马上离开了自己在阿根廷的医疗诊所，出逃到巴拉圭。不久，他又潜逃到巴西。从此门格尔在世界舆论中消失。1979年新闻界发布了门格尔在巴西海滨“溺水而亡”的消息。

但国际舆论普遍怀疑这一报道的真实性，认为像门格尔这样的人，不会这么容易地死掉，部分人认为这是他制造的迷雾，以便世人淡忘他。不少人还坚信，门格尔甚至仍在南美洲的某个偏僻地方隐居，也有可能仍在巴西。

阿根廷政府为什么会庇护门格尔？门格尔究竟有没有死去？这些我们都不得而知，但犹太人真正希望的是这位“死亡天使”的结局是“死亡”，而不会变成“天使”。

戴高乐突然辞去法国总统之职原因何在？

戴高乐在1944年8月25日，离开寄居4年又68天的英国回到巴黎，受到民众热烈的欢迎。虽然他名义上是法兰西临时政府主席，实际上却行使着政府首脑和国家元首的权力。

1945年12月，议会的制宪委员会就宪法框架达成一致：取消法国总统权力，总统由议会选举，对议会负责，政府只听令于议会。虽然戴高乐周围有不少的追随者、崇拜者，但他厌恶政党政治，也不想搞什么政党。他本人的意思是，自己就是法兰西，而政党不过是他的一部分。所以可以说，这让他与那些职业政客水火不容。

戴高乐将军

在这种情况下，戴高乐于1946年6月发表一番讲演，他说："我想对未来说句话，我和你们的分歧点就是对于政府以及政府和人民代表机构关系的看法相悖。共和国的复兴工作，希望在我离任后，你们能干好。我这是最后一次讲话。我坦诚地告诫大家，假如你们不对法国近50年的历史思索的话，不好好考虑政府权力尊严和职责的话，我想，不会过多久，你们会对今天的选择痛感后悔。"很明显，在波旁宫说这番话时，他就有离去的打算了。

离开议会，戴高乐准备去地中海附近的昂提布休息一周。这是自1939年以来他第一次度假："面向大海思索，我就想辞去官职，悄无声息地离去，在任何的场面我都不会去抱怨；我不再担任任何的职务头衔，不要退休金；我要安安静静去做我自己想做的事。"1946年1月14日回到巴黎，他批阅完许多积压的各种文件，然后告诉几位部长，他要辞职了。

1月20日，戴高乐邀请所有部长共聚办公室。戴高乐平静地和各位部长握手，紧接着就谨慎读了声明："我不赞成政党政治，可是它卷土重来。除非用武力去建立独裁政治，但我不会同意。我无法制止一切，因此，我在今天向国民议会议长递交政府辞职书，我应急流勇退。我衷心感谢列位给予我的帮助，请求你们能留任到继任人到来之前，保证工作的顺利进行。"部长们万分震惊，也十分伤心。他们都默不作声，戴高乐转身离去。他刚满55岁，精力充沛，神智清晰，正是大展宏图的时候。法共总书记多列士评论："离任很潇洒。"法共报纸却说他逃避困难。社会党领袖勃鲁姆却莫名其妙地说："戴高乐离任没有理由。"大多数报刊则持遗憾和万分惋惜的态度。

由戴高乐的声明可以看出，他辞职的确是出于对当时政坛的不满，当时的人也认为戴高乐辞职只是一种以退为进的策略。按理说，戴高乐会马上出山。但事实上，一直到1958年，他才在强大的压力下再次进入政坛。可见说他突然辞职的原因是急流勇退更合适。但作为一个坚信自己就代表国家的政治家，正值黄金时期，却突然退出政坛是不可思议的。因此到底是什么原因让他突然辞职还缺乏有说服力的说明。

斯大林

斯大林真的死于中风吗？

熟记历史的人都不会忘记 20 世纪的那场反法西斯战争，在欧洲战场上，当法、英在希特勒的进攻下纷纷溃败的时候，是苏联人的火炮击碎了德国人的坦克。斯大林的一声怒吼，使世界又看到了一位巨人。然而 20 多年后，这位巨人——苏联人的核心却死得不明不白，关于他的死因，至今仍是一个谜。

斯大林的生活以神秘开始，又以神秘告终。

1977 年，几个在斯大林逝世时在其近郊别墅工作过的卫队工作人员叙述：

“2 月 28 日夜里，政治局委员们在克里姆林宫中看完电影后，就驱车前往别墅。到斯大林别墅去的有赫鲁晓夫、贝利亚、马林科夫和布尔加宁。他们在别墅一直待到清晨 4 点钟。当时在斯大林处值班的是高级工作人员斯塔罗斯京和他的助手图可夫。别墅值班的是警卫长奥尔洛夫的助手帕维尔·洛兹加乔夫……

客人走了以后，斯大林就躺下睡觉了。此后他就再也没有走出自己的房间。”

斯塔罗斯京的供词：“从 19 点钟起，我们开始为斯大林房间中的寂静感到不安……在没有召唤的情况下，我们两个（即斯塔罗斯京和图可夫）都不敢擅自进入斯大林的房间。”

于是，他们叫洛兹加乔夫进去看。帕维尔·洛兹加乔夫就成了第一个看见斯大林躺在桌旁地板上的人。洛兹加乔夫说，当把客人送走后，警卫员伊万·瓦西里耶维奇·赫鲁斯塔廖夫传达了“当家的”命令，让大家都去睡觉。洛兹加乔夫还是第一次听说“当家的”说这种话。

斯大林就这样在他自己造成的恐怖气氛和官样文章的环境下死去了。

也许，人们永远也不会知道，那天夜里在“当家的”那几间关着的房里究竟发生了什么事情，但不外乎有两种可能：

或者是“当家的”真的让大家都去睡觉，而夜里他中了风；或者是……

或者是赫鲁斯塔廖夫被某人给收买了，受到某人的指使，让服务人员都去睡觉，为的是让某个人们不清楚的人物或者自己可以与“当家的”单独在一起。然而，收买赫鲁斯塔廖夫的又是谁呢？

是赫鲁斯塔廖夫自己潜入了斯大林的房间还是另有其人？抑或他们在“当家的”喝过酒后昏昏入睡的情况下给他打了针而引起了中风？是否“当家的”在感到不适之后仍然醒了过来，并挣扎着试图呼救？是否针剂起了作用，使他只能勉强走到桌旁？如果事情真的是这样，那他们理所当然可睡觉了。

后来，直到赫鲁晓夫时期，一直有这样一种传说流传着：“当家的”并不像正式公告所宣布的那样死在克里姆林宫里，他是在近郊别墅去世的。

这不过也是传说而已，在找到确凿证据之前，斯大林的死因仍不能定论。

格瓦拉为什么秘密出走？

古巴革命胜利以后，有“红色思想家”之称的古巴革命领导人切·格瓦拉先后被新政府委任以土地改革全国委员会工业部主任、国家银行行长和工业部长等重要领导职务。在任期间，他多次代表古巴政府和统一革命组织全国领导委员访问亚非拉各国，出席各种国际会议。他在国内外均享有盛誉。

古巴革命领导人切·格瓦拉

然而，在1965年4月以后，格瓦拉退出了公众生活，而后就秘密出走了。当年，人们对他的出走感到迷惑不解，如今，对他出走的原因进行了长期探讨的学者们仍然众说纷纭，莫衷一是。尽管如此，对于格瓦拉出走的原因不外乎下述 4 种看法。

首先，格瓦拉在经济建设和思想建设路线上与古巴其他领导人存在着严重的分歧。新政府成立后，格瓦拉强烈要求实行严格的中央集权路线，要缔造“社会主义的新人”。可是有的人主张不要过度集中，应该给国营企业一定的自主权。卡斯特罗的观点却十分矛盾，他有时赞成精神鼓励，有时赞成物质刺激。

第二，格瓦拉对他主管的工业改革的失败感到极度失望，因而出走。

第三，有些学者认为，迫使他出走的因素是苏联对格瓦拉政策的反对。苏联在几个方面都不同意格瓦拉的政策。一是不同意格瓦拉在古巴国内推行反对物质刺激的政策，因为当时苏联赫鲁晓夫正在推行这样的政策；二是赫鲁晓夫对格瓦拉倾向中国的政策非常不满。

第四，与第三种意见紧密相关，格瓦拉对于在拉丁美洲直接开展革命战争更感兴趣。格瓦拉的这一思想，是经过长期考虑的。而且，格瓦拉的出走有明确的目的，他是怀着视死如归的决心出走的。他在临走之前写给母亲的告别信中作了如下表述：“我相信武装斗争是各族人民争取解放的唯一途径，而且我是始终不渝地坚持这一信念的。许多人会称我是冒险家，只不过是另一种类型的，是一个为宣扬真理而不惜捐躯的冒险家。也许结局就是这样。我并不寻找这结局，但是，这是势所难免的。如果是这样的话，我在此最后拥抱你们。”

在急流勇进和功成身退之间，格瓦拉做出了自己的选择，至于做出这样选择的原因就恐怕非他本人难以说清楚了。

谁是杀害肯尼迪的元凶？

1963 年 11 月 22 日中午，美国历史上最年轻的总统肯尼迪带着妻子杰奎琳在八位保安人员的保护下，乘坐林肯牌高级敞篷轿车准备到美国德克萨斯州达拉斯市的贸易中心去。一路上，他们笑着向道路两旁的人们挥手致意，中途甚至还两次停车下来和人们握手。到 12 点 30 分时，总统的车队由休斯敦街道转弯开进了埃尔姆街，再过 5 分钟就能到达目的地了。可就在这时，突然“啪啪”两声枪响，只见总统手捂着脖子，身体直挺挺地朝前倾斜了一下便倒在夫人的膝盖上。肯尼迪总统最后因抢救无效，于下午 1 点 20 分不治身亡。

凶手很快抓到了，是一名叫奥斯瓦德·包斯的工作人员。

本来，总统遇刺一案应该可以弄个水落石出了，但事情的发展并没有人们想象的那么简单。11 月 24 日早

肯尼迪遇刺前

晨，有个叫杰克·鲁比的人为了“替总统报仇”，居然挤出拥挤的人群，在警察总部门口拔枪杀死了正被押解到侦讯机构去的包斯。鲁比于 1964 年 3 月 4 日被判入狱，在 1967 年 1 月 3 日患癌症死于狱中。

包斯为什么要刺杀总统？是个人原因，还是受他人所指使？

从调查结果看，包斯曾自称是一位“马克思主义者”，1959 年到苏联住了 3 年，并在那里娶了个妻子。当时他还曾公开宣称要取得苏联国籍，可不知怎么后来居然改变主意，回到了美国。许多人由此猜测，包斯可能是听命于苏联“克格勃”，他回到美国就是为了刺杀肯尼迪的。

包斯回国后在新奥尔良工作，并曾与一些亲卡斯特罗的组织有来往。而此前肯尼迪曾支持过一批流亡的古巴人，这些人企图颠覆古巴政府。因此，有些人就认为，刺杀肯尼迪一事可能与亲卡斯特罗的古巴人有关。

在调查过程中有证人提到，包斯曾受雇于联邦调查局，代号为 S—172 或 S—179，每月领 200 美元的酬劳。由此人们推断：包斯可能是受联邦调查局的“委托”暗杀了肯尼迪总统。而从案发后对此事的调查情况以及当时联邦调查局局长胡佛与肯尼迪的关系来看，这种可能性确实很大。

肯尼迪死后，林登·约翰逊接替了他的总统职位，并任命以美国首席法官厄尔·沃伦为首的特别委员会负责调查此事。奇怪的是，那份调查结果——《沃伦报告》居然被美国政府封存起来，说是要在公元 2038 年，即所有与此案有关的人全死了以后才能公布它。由此许多人都推测，此案可能与政府中的某些人有牵连，而且牵连还很大，否则干嘛要搞得这么神秘。

另一方面，据说胡佛自 1924 年任联邦调查局局长以来，他的地位一直是稳如泰山。但自肯尼迪的弟弟罗伯特担任司法部长后，联邦调查局首次被迫服从司法部的领导，由此引起胡佛很大的不满。总统遇害后，约翰逊总统虽曾令联邦调查局协助沃伦委员会调查，但胡佛却明确警告负责此事的吉姆·盖尔不要深究。同时在联邦调查局的调查人员中，与总统暗杀有关的人也都先后离开了原来的位置。案发后联邦调查局、中央情报局及军方情报部门收集的有关凶手的关键性材料，也突然之间不是被人全部销毁，就是不翼而飞。由此，一些人推测胡佛可能就是这次暗杀的策划者和组织者。

1990年，有个叫珍尼佛·怀特的女人让她的儿子李奇·怀特召开了一个记者招待会，披露了一些鲜为人知的内情：

珍尼佛的丈夫罗克斯曾在美国中央情报局里专门担任杀手的秘密任务，包斯和鲁比都是他的好友。有一次，珍尼佛偷偷听到他们在说暗杀肯尼迪总统的事。而在总统遇刺的当晚，罗克斯回家时也显得非常激动，并叫她躲回娘家。三天后罗克斯接她回家，说没事了。1971年，罗克斯突然对她说，中央情报局出卖了他。没过几天，他就死于一个非常奇怪的爆炸事件中。

1982年，珍尼佛的儿子李奇在家里的储藏室里发现了罗克斯的几本日记本，其中记载了他在海军训练和在远东地区执行特别任务的情形以及他与包斯的友情。尤其是详细写下了1963年他和另外两个人暗杀肯尼迪总统的过程。

1988年珍尼佛和儿子李奇把罗克斯的日记告诉了美国联邦调查局，联邦调查局立即来了3个人。他们把那些日记全都拍摄下来后就走了。可过了几个小时，其中的一个人回来说，他的记事本忘拿了。结果他拿走记事本以后，罗克斯的那些日记本也不见了。

显然，珍尼佛的证词为揭开肯尼迪遇刺之谜提供了重要的线索，可是随着与此案有关的人因各种缘故先后死去，以及与此事有关的绝密资料或失踪，或被销毁，现在谁也说不清在暗杀肯尼迪事件中，谁是真正的幕后指使人。而几十年来，为了收集肯尼迪总统被暗杀的证据，追查案件的真相，又有二十多个人葬送了性命。所以这个案件从此被人们称为“二十世纪最大的谜案”。

林肯的遇刺本来就是美国历史上的一个难解之谜，前谜未解，后谜又至，杀死肯尼迪的凶手究竟是谁？事情的真相如何？美国总统之谜又添加了一位新的成员。

刺杀马丁·路德·金的元凶到底是谁？

以《我有一个梦想》的演讲闻名全世界的诺贝尔和平奖获得者马丁·路德·金也许不知道，他真正的“dream（梦想）”应该是让人们查出他被刺杀的真相。马丁·路德·金在1968年4月4日傍晚，在田纳西州孟菲斯市洛兰停车场旅馆遇刺身亡。警方查出凶手的真实姓名是詹姆斯·厄尔·雷，他是个抢劫惯犯，曾被判入狱20年，1967年4月成功越狱。他于1968年4月4日早晨住进贝西太太的出租公寓，傍晚开枪把马丁·路德·金打死了。对自己的犯罪事实，

讲演中的马丁·路德·金

厄尔·雷供认不讳，他被判入狱99年，可是他在审判后不久就反悔了，坚持说自己是冤枉的，并要求对此案进行重新审理。

使人不解的是厄尔·雷在1967年的成功越狱。厄尔·雷是一个令人觉得好笑的三流窃贼，他在打劫杂货店后驾车逃跑被甩出车外，偷打字机时将存折丢下，两次越狱都没有成功。这样一个傻瓜，1967年为何能成功越狱，并一下子过上富有而体面的生活，甚至四处旅游，挥金如土？

因而，人们怀疑联邦调查局参与了此案，联邦调查局早在50年代就对马丁·路德·金在的行动有所注意，1964年还制定了“消灭金小组”计划。在记者招待会上，联邦调查局局长胡佛甚至指责马丁·路德·金是全国最大的骗子，胡佛还在马丁·路德·金荣获诺贝尔和平奖之后，派人给他送恐吓信，要他“小心谨慎以谢国人”。

2001年1月，即马丁·路德·金被害35年后，一名美国佛罗里达的牧师向《纽约时报》记者透露，杀害马丁·路德·金的直接罪魁就是他的父亲。这位牧师61岁，名叫威尔逊。他对记者说：“我父亲亨利是一个三人小组的头，而1968年枪杀马丁·路德·金的正是这个小组。”威尔逊指出，虽然亨利并非种族主义者，但他觉得共产主义与马丁·路德·金有联系，因此必须杀掉马丁·路德·金。威尔逊说他父亲已经去世10多年了，但他父亲在世时曾反复强调，把马丁·路德·金杀掉是每一个热爱美国的人应该做的事，“为了整个国家的前途”，这样做完全是责任所在。

然而直到现在，马丁·路德·金之死还是一个谜。

是什么原因致使西罗马帝国覆亡？

公元410年，哥特人首领阿拉里克率领日耳曼蛮族大军攻占了有“永恒之城”之称的罗马城，西罗马帝国逐步走向灭亡。但这次事件，并不是西罗马帝国灭亡的真正原因。那么西罗马帝国覆亡的原因何在呢？

在公元410年攻克罗马城以前许久，哥特人就在逐渐沿用罗马人的风俗习惯，而在边远地区居住的罗马人，几百年来，也不断接受蛮族文化的影响，同时日耳曼民族雇佣的罗马士兵也日渐增多，他们对罗马当然不是忠于职守。

因此，阿拉里克于公元410年攻克罗马，并非对罗马帝国致命的打击。不过，因为那是罗马帝国800年来第一次被打败，心理上的伤害，很难估量，也许比破坏建筑物更加不能挽回。这个原因使人们更加容易理解，为什么阿拉里克攻克永恒之城，在历史上一直被看做是罗马帝国灭亡的象征；而汪达尔王盖塞里克于公元454年攻陷罗马时烧杀抢掠更甚的事实，反而不算什么。

最近掌握的证据，对解释罗马因何在公元5世纪为哥特人不费吹灰之力一举攻克，也许帮助很大。1969—1976年，在英国南部赛伦塞斯特展开的挖掘工作，在一座公元4世纪末5世纪初的罗马人的墓群里，找到了450具骸骨，多数骨头中的含铅量，是正常人的80倍之多，儿童骸骨则更加厉害。这些人可能死于铅中毒，虽然未能证明这一点。

罗马人对他们的优良供水系统引以为傲，通常都以铅管输送饮用水。罗马人用铅杯喝水，用铅锅煮食，甚至用氧化铅代替糖调酒。吃下如此多的铅，一定会全身无力，吃下大量的铅还有另一个恶果，就是丧失生育能力。后期的罗马皇帝经常鼓励夫妻生育更多子女，可能是为预防人口减少，虽然并无精确详细的人口消长数字证实有这种现象。即使吸收微量的铅，对生殖能力也有影响，所以罗马人很可能因为喝了含铅的酒和水而致死及致使帝国覆亡。

但这种看法并没有充分的依据，只是根据少量考古资料提出的猜测，这种假设还有待更多资料加以证实。

铅中毒也不可能是罗马城于公元5世纪被攻陷的惟一原因。如果是这样，东罗马帝国为什么能在西罗马被灭亡后继续存在1 000年呢？当然，东罗马帝国仍然能存在的原因很多：边疆不长，较容易抵御，可避免外族入侵；同时，东罗马帝国国内治安维持较好。但有一件事情也值得人们关注，就是东罗马帝国境内的铅矿较西罗马少得多，所以当地居民只得凑合使用自认为较低劣的瓦锅和陶杯。罗马帝国灭亡的真正原因在哪里？也许还有更多的秘密有待探寻，还有更多的谜团有待解开，人们期待着有一天罗马帝国覆亡的原因水落石出。

希特勒是犹太人种吗？

疯狂屠杀犹太人的德国纳粹党党魁希特勒是犹太人，这可能吗？但却一直成为一些学者热烈争论的问题。热衷于鼓吹种族优越论的希特勒是否是纯雅利安人后裔，对此历来就有许多疑问。不用说与希特勒同时代的反对党，就是纳粹党内也有不少人怀疑希特勒的血统中可能有犹太人的成分。德国党卫队首领希姆莱在1942年曾派人到希特勒的出生地奥地利的林茨去调查，但后来几乎把所有的调查材料都烧掉了。在此之前德国吞并奥地利时，希特勒就派人把凡是能找到的有关自己出身的材料全部付之一炬。

在希特勒统治时的第三帝国，他曾经向许多德国人索取过是雅利安人后裔的证明材料，证明他们上溯三代人中间没有犹太人。可是希特勒本人却难以证明他的真正的祖父究竟是哪一种族的人。

希特勒家族的父系和母系双方都住在林茨的瓦尔德维尔特尔县。这里位于多瑙河的北面，距维也纳50英里，介于多瑙河与波希米亚和摩尔多瓦交界处。希特勒出生在这个近亲通婚频繁的乡村。他的家族的姓氏可能起源于捷克语，15世纪前期出现在这个偏僻的县。

希特勒的祖母全名叫玛丽安·安娜·施克尔格鲁勃，是个生活不富裕的农家女。她在婚姻上一直不顺利，过了40岁还未结婚。1837年她在42岁时生了一个私生子，随母姓起名叫阿洛伊斯·施克尔格鲁勃，此人就是希特勒的父亲。直至1842年47岁时，安娜·施克尔格鲁勃嫁给了流浪打短工的约翰·格奥尔格·希德勒。自然阿洛伊斯就成为希德勒的儿子。对这个私生子，希德勒一直未去教区办理承认他是自己亲生子的手续。阿洛伊斯就一直姓施克尔格鲁勃，由他的叔叔约翰·奈波穆克·希德勒抚养，因为他的父亲约翰·格奥尔格·希德勒又外出流浪了。

1876年，在阿洛伊斯快40岁时，他的叔叔约翰·奈波穆克为他办理改名手续。奈波穆克拜访了当地教区的神甫，说服他们去掉了出生登记册上的“私生子”字样，并贴上由三个证人签署的一份证明，证明他的哥哥约翰·格奥尔格·希德勒是这个孩子的亲生父亲，同时将“希德勒”这个姓改成“希特勒”。1895年阿洛伊斯·希特勒58岁时，他的第三个妻子生了个男孩，这就是后来大名鼎鼎的阿道夫·希特勒。假如希特勒的父亲不改姓，希特勒也姓施克尔格鲁勃，那么他是否能那样有蛊惑力还很难说。因为这个姓在德国南部人读起来有点滑稽可笑，不如“希特勒”来得简短有力。

希特勒的父亲是私生子，这个私生子的父亲是谁，一直众说纷纭，莫衷一是。大致有两种说法：一种看法认为约翰·格奥尔格·希特勒就是阿洛伊斯的生父，德国的一些历史学家如波罗夫斯基就持此说。还有一种看法认为阿洛伊斯的生父即希特勒真正的祖父是个犹太人，名叫弗兰肯伯格或弗兰肯雷德。玛丽安·安娜曾在这个犹太人家里当过女佣，使她怀孕的是主人年轻的儿子。照这样说来，按照纳粹德国查上溯三代血统的做法，希特勒应划入犹太人类别。

第二次世界大战以后，许多学者都研究过希特勒的身世，但难以得出一致的结论。20世纪50年代研究希特勒的专家韦尔纳·马赛博士提出自己的看法："希特勒不是犹太血统的人，而是近亲结婚的产儿。"马赛认为，希特勒的祖父，也是希特勒母亲的祖父。希特勒的父亲一生结婚3次，最后一次与自己的侄女结婚，生了希特勒。正因为是近亲结婚，导致了希特勒一生的许多病态行为。

战争狂人——阿道夫·希特勒

希特勒为什么选用卐作党徽?

希特勒采用了红地、白心、黑卐字来作为纳粹党的党旗，作为法西斯主义的象征，这是出于什么用意呢?

他在《我的奋斗》中这样解释说："任何党都应该有一面党旗，用它来象征庄严和伟大……黑、白、红3色的旧帝国的国旗……不适合作为我党的象征，因为它所代表的德国，可能在以后会受尽耻辱，要被马克思主义所击败，而我党却是要消灭马克思主义的。所以我们不应该沿用旧的德国国旗……但是，在我的理想中，我们的党旗也应保存旧国旗中的黑、白、红三色。我做了很多试验，终于决定我党的党旗最后的形式是红地之中的一个白圆，圆中再画上一个黑色的卐字……"不久，它也成了维持秩序的军队的臂带的图案。

从以上这些话，可以清楚地看到他既把卐当做反马克思主义的标志，又把它当做争取纳粹主义胜利的斗争使命的象征。但为何选用卐字来作为纳粹主义的象征，希特勒并没有明确解释其原因。西方学者对此作过许多推测。有的认为，当希特勒在维也纳流浪时，看到反犹政党的党徽是用卐字来做标志的；也有的认为，德国的反犹的一些右翼组织是用卐字作标志的。其实，当希特勒还很小的时候，就对卐字有着深刻的印象了。美国学者罗伯特·佩恩在其所著的《希特勒传》中对此有过一段描述。

希特勒全家于 1897 年迁到林茨和萨尔斯堡之间的兰巴赫镇居住。那里有许多古老的教堂，其中有一座建于 11 世纪的东正派大修道院，希特勒进了这所修道院的学校，立刻被这里的一切迷住了。在修道院的过道上、天井上、修道士的座位上及院长外套的袖子上他都能见到一个卐字标志。希特勒就在附近的拐角处居住，他每天都能透过他住房的窗口看见卐字。

德国纳粹党徽

卐字是一个带钩的十字。修道院院长西奥利多赫·冯·汉根视它为自己名字的双关语。希特勒非常崇拜院长显赫的权势，所以将卐看成是院长的象征。他后来回忆说："我屡次因教堂里的庄严、豪华的庆典欣喜若狂。我崇拜修道院院长，把他看成是我最渴望、最崇高的理想，这就像我的父亲把乡下的神父看做是他的理想一样，我认为这是很自然的。"

罗伯特·佩恩认为，冯·汉根院长的标志图很可能就成为日后希特勒的卐字的原型。

但这种种猜测都是人们在研究希特勒这一特殊的历史人物时所做的假想，究竟希特勒采用卐作为纳粹党标志有何用意，里边是否藏有什么奥秘，恐怕没人能说得清楚，至少目前还是个谜。

希特勒生死难预料

盟军隆隆的炮声中，1945 年 4 月下旬，希特勒这位曾经不可一世的纳粹头目，凄凉地度过了他的生日和举行完婚礼后，便从世界上消失了。于是人们几十年来一直对他的死活进行猜测。

很多人不相信希特勒从天罗地网中逃生。当柏林陷入一片火海之时，有人就说希特勒已飞往巴伐利亚或者别的什么地方；有人说希特勒在柏林失陷的 3 天之前便和女飞行员莱契一起乘飞机离去了，他的死是为了迷惑人而制造的一种假相；还有人说希特勒从地下通道里出了柏林，躲藏在"攻不破的"南蒂罗尔堡垒中去了。

从缴获的文件中，有些人发现在盟军攻克柏林之前，希特勒的一些机构已转移到伯希斯特加登去了，同时转移去的还有希特勒的部分文献、他的一个秘书，特别还有私人医生莫勒尔，根据当时希特勒的病情推断，如果没有这位医生配制的强烈刺激剂，希特勒一天也活不下去，所以这个医生肯定不会与希特勒分开。另外，希特勒任命邓尼茨为北线军事总指挥，但没有任命南线总指挥，其原因大概是希特勒企图在南方东山再起，因而把这个位置留给了自己。后来因为眼见大势已去，才不了了之。如果这些能说明希特勒在盟军攻克柏林之前已逃遁到南方了，那就从侧面否定了希特勒是在柏林自杀的。

另外，鲍曼的文件中有一封电报很有意思：

> 上萨尔斯堡休麦尔同意
> 迁往大洋以南。
> 全国总区长鲍曼

这意味着鲍曼已将其避难所安排在遥远的德国境外，结合后来大批纳粹战犯都逃往南美洲隐身的事实来看，“元首”是否亦潜伏在南美某一角落里呢？

为了说明希特勒没有在柏林自杀，有人以“两个相貌相同的人”来表明希特勒似乎用了“金蝉脱壳”之法。甚至在20世纪60年代，一名摄影师在一家报刊上登出了希特勒仍活在人间的照片。

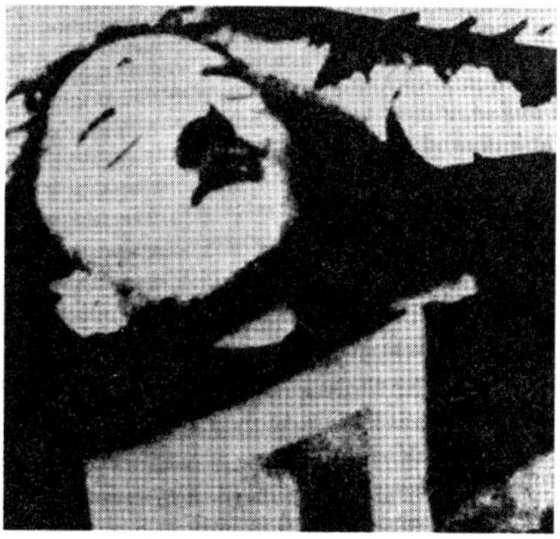

报载希特勒自杀照片

当然，大多数人比较认同希特勒已在柏林陷落前夕于1945年4月30日自杀身亡，然后被浇上汽油焚尸灭迹。但是，他们对于希特勒如何自杀，看法很不一致。

有些人依据的是希特勒尸体的解剖报告。“在被火烧得变了形的躯体上未发现明显的致命伤或疾病”，“嘴里发现有薄玻璃瓶的瓶身和瓶底的玻璃碎片”。详细研究这份报告可得出结论：“由氰化钾中毒致死。”此外，尚有两点旁证：第一，在4月30日下午3至4时希特勒自杀时，地下屋内充斥着氰化钾的那种苦巴旦杏仁味；第二，4月29至30日的夜间，希特勒曾让总理府医院院长哈泽教授看了个装在子弹壳里的小玻璃瓶，希特勒说这些小瓶里装着快速致死的毒药，这些毒药是他从族登夫赫尔大夫那儿得到的，并且希特勒当场请哈泽在自己的爱犬身上检验这些毒药的毒性。

还有人以希特勒的贴身侍卫林格的招供为据，林格说："希特勒用一支7.66口径的手枪向右太阳穴上开了一枪。这支枪和另一支备用的6.35口径的手枪都落在他脚边。希特勒的脑袋稍稍偏向墙壁，鲜血流在沙发边的地毯上。"林格随后亲手用毯子将尸体裹起来，浇上汽油焚烧。

种种猜疑，会不会有水落石出的一天？这一切都有待于我们进一步的探讨。

希特勒为什么血洗冲锋队？

杀人狂希特勒草菅无辜并不奇怪，但是1936年6月30日凌晨，曾为混世魔王希特勒上台执政立下汗马功劳的冲锋队在一串机关枪的猛烈扫射之后随即在"世间蒸发"，遭受到了同样的噩运。以参谋长罗姆为首的冲锋队对希特勒来说不可不算是自己人。那么对自己人为何还要下此毒手？对此研究者们进行了不少考察，大致归纳出以下一些原因：

其一，冲锋队已经完成了它的历史使命。所以，无论用什么途径，冲锋队必然会从历史舞台上退出去。

其二，希特勒与罗姆之间存在着相当大的矛盾，既可以说是患难之交，但两人同时又有很大分歧。

罗姆在希特勒上台后，不仅加紧发展冲锋队，而且叫嚷着进行"二次革命"，建立真正的"民族社会主义"国家。他的这些企图使纳粹政权无法容忍，希特勒便考虑着如何把冲锋队解决掉。

其三，冲锋队与党卫队的斗争。于1925年成立的党卫队，即黑衫党，原是冲锋队的下级组织，作为希特勒铁杆卫队的党卫队，在冲锋队膨胀的同时亦迅速发展壮大。在争权取宠的竞争中这两支政治力量必然会发生矛盾冲突，特别从1929年希姆莱担任党卫队全国首领后，双方的矛盾更为激化。

其四，冲锋队不被国防军所容。德国军队在一战后受到限制，在冲锋队成立之初陆军方面出于使德国武装起来的目的，对冲锋队采取的是扶持态度，把它作为后备军。但随着罗姆想要取代国防军的意图的日益暴露，军界意识到其特权受到了威胁。部长勃洛姆堡强烈要求希特勒对冲锋队给予一定的限制，把冲锋队排斥在武装部队之外，只把国防军作为"武器的惟一持有者"。希特勒在决定如何取舍二者的过程中，按理说应较为偏袒他的发迹资本冲锋队，但这样做有两大棘手的问题：一是若保留庞大的冲锋队，他将很难向欧洲各国作出恰当解释，他的外交将因此而陷入难堪境地；二是如果把国防军得罪了，继承在旦夕的兴登堡的总统职位的野心就难以达到。所以，经再三权衡，希特勒最后决定让冲锋队牺牲掉。事实上在血洗冲锋队之前，希特勒已得到了军界将支持他继任总统的承诺。

于是希特勒便以冲锋队阴谋“二次革命”为借口，顺水推舟地将除掉惹是生非的冲锋队和取悦资产阶级这两个目的在政治清洗中“毕其功于一役”。毫无疑问，上述四点都是事件背后的原因，但最后真正促使希特勒下定决心、付诸行动的又是由何事直接引发的呢？火药桶之导火索何在？由何人直接引爆？历史学家们还在孜孜不倦以求之。

德国纳粹缘何没有研制成功原子弹？

早在第二次世界大战爆发之前，纳粹德国就已经开始了原子弹的开发研制。只是为何一直没有成功，这还要从头说起。

1938 年年底，两个德国物理学家率先发现元素铀在核裂变时能够放出巨大的能量。1939 年 9 月 26 日，在柏林，德国军备规划局组建了核研究机构——铀协会。1940 年 5 月，德国出兵征服比利时和挪威，并控制了欧洲惟一以工业规模生产重水的挪威维蒙克工厂，同时它还获得了由比利时矿业联盟公司存放的 1 200 吨精选铀矿。德国 1940 年 12 月建成了第一个研究性原子反应堆，而且它还掌握了金属铀的提炼技术，这样德国就可以基本具备研究原子弹的基础。

英国通过其情报部门很早就已知晓德国研究原子弹的计划，它们密切地监测着德国的一举一动。为了防止德国的研究计划成功，英国准备实施破坏行动。为了断绝德国生产武器的重要原料，他们决定首先摧毁维蒙克工厂的重水储备设施。为此，他们制定出一个代号为“新手”的作战计划，空投伞兵炸毁维蒙克工厂。“新手”计划于 1942 年 11 月 19 日深夜开始启动，但因为天气原因和使用滑翔机经验不足，导致行动失败，40 多名伞兵全部牺牲。

英国当局不甘失败，他们又挑选了 6 名挪威特种部队组成一个偷袭小组，制定了新的代号为“炮手”的计划，准备通过挪威地下组织的协助炸毁维蒙克工厂。

1943 年 2 月 26 日，“炮手”计划开始执行。6 名特工被秘密投到维蒙克工厂附近的地区。他们在与挪威地下组织联系上后，秘密潜入守卫森严的工厂，在工厂的要害部门安放了大量炸药，然后迅速撤离。很快，一声巨响震天动地，摧毁了生产重水的主要设备和近 1 吨左右的重水。可是没有想到的是德国 8 个月后就恢复了重水的生产。

随着局势的发展，更多国家介入这场大战，也开辟了更多的战场。形势对德国越来越不利，德国更加快了原子弹的研制过程。而盟军也毫不松懈，他们决定彻底摧毁德国的原子弹原料生产基地。1943年，盟军总司令艾森豪威尔命令美国驻欧洲的空军轰炸维蒙克工厂，使维蒙克工厂几乎完全丧失了生产能力。德国对此迅速做出决断，把秘密储藏的重水和生产设备运回德国继续工作。盟军通过情报部门很快便获悉了这一消息，他们很快就搞到了重水和设备运输所行的路线并派出特工在运输轮载着重水和生产设备经过时放炸弹。炸弹准时爆炸了，那些“宝贝”全部葬身湖底。盟军历经千难万险，终于彻底摧毁了德国的原子弹制造计划。

几经波折，盟军最终还是将德军的原子弹研发行动扼杀在摇篮中。然而还是有人担忧地说，或许德国战时另有研制没被发现，甚至至今犹存。此言也不全为空穴来风，实力强劲的德国或许早就拥有了威力无比的原子弹，也不是没有可能。

西班牙独裁者佛朗哥“背叛”希特勒背后的秘密

作为法西斯独裁者，西班牙的佛朗哥却得以尽享天年，最后寿终正寝，这一切得益于佛朗哥对希特勒的背叛，那么，当年的佛朗哥为什么会背叛他的法西斯“老大哥”呢？

1939年的欧洲，战争已如箭在弦上，一触即发。佛朗哥对墨索里尼说：“我准备努力让欧洲相信：发动一场全面战争是没有任何价值的。”9月1日，德军进攻波兰。3日，英、法对德宣战。佛朗哥当天就公开呼吁使战争局部化，共同讨论如何来结束这场有可能导致“亚洲式的野蛮残暴”的战争后，西班牙便在第二天宣布“中立”。

是佛朗哥有“保卫和平”的善意？或者是他早就料到轴心国必遭失败？如果都不是，那么西班牙作为欧洲三大法西斯国家之一，而且在刚刚结束的西班牙内战中又和德、意结成了友好关系，却又为何不和德、意同步而要独树一帜呢？

有人认为，佛朗哥不参战是因为国内政治和经济存在危机。当时，西班牙刚结束内战，国家经济状况十分萧条，食品严重不足，灾荒频繁，人心浮动，必要的工业材料和设备进口量不足，黄金、外汇储备十分短缺。政治方面，共和派、君主派右翼集团和共产主义者左翼集团所组成的社会力量及其影响不容忽视。长枪党内部酝酿着种种不和，猜忌、争斗又削弱了党和独裁统治等方面。

另一种说法是，佛朗哥不参战是因为同盟国在利诱拉拢他。西班牙拥有直布罗陀、丹吉尔这些特殊的地理位置很令同盟国担心，如果西班牙站在轴心国一方，一定会控制直布罗陀海峡，大西洋与地中海航路将会中断，后果不堪设想。为此，1940年3

月，英国同意贷款给西班牙200万英镑，并允许它从同盟国进口某些禁运的工业原料，英国还从阿根廷快速给西班牙运去一批食品，对西班牙帮助很大。1941年初，美国以红十字会的名义给西班牙送去食品和药物，价值150万美元。随后，罗斯福又设法让国会同意放松时美国商人向西班牙输出石油的控制。

第三种说法是："佛朗哥只是反对苏联。因为支持西班牙国内左翼力量的正是苏联。佛朗哥曾经说过，苏联才是西班牙和西方世界的真正敌人，西方国家之间的任何战争都不过是为俄国人'火中取栗'。"

无论出于何种目的，背叛希特勒无疑是佛朗哥在自己人生棋盘上下的最重要最正确的一步棋，他的一生正得益于这一步棋。

英国70亿财产是怎样秘密转移的？

英国首相丘吉尔于1940年6月18日在英国议会发表了著名的演说，表达了英国准备单独与纳粹德国战斗到底的决心。在随后的秘密内阁会议上，温斯顿·丘吉尔首相决定做一次孤注一掷的赌博，将存放在英国本土的价值70亿美元的黄金和证券转移到英国的自治领土加拿大去。这项决定同样显示，丘吉尔政府已下定决心，如果可能，英国人不仅要在英国本土作战，万一德国入侵得手，他们的政府还将迁到加拿大继续与德国进行战斗，直到最后胜利。

一位当事人事后回忆："在10天内，存在联合王国银行中的所有经过选择的证券都被取出，包扎成捆，装入几千个木条箱中，然后被送到集中地点。"这些箱子连同大英帝国长期积累起来的数额巨大的黄金一起，将被送过大洋。

不过承担运载任务的皇家海军的舰队要跨越的是这样一个大洋：就在这年6月，这一个月中，纳粹德国潜艇所组成的"狼群"在北大西洋将总吨位共349 117吨的57艘同盟国和中立国的船只击沉。

由海军上校弗朗西斯·西里尔·弗林指挥的皇家海军"绿宝石"号巡洋舰，被选为装载第一批秘密货物的舰只。6月23日，一列戒备森严的秘密列车把最后几批证券和黄金装进停泊在格里诺克港克莱德码头的"绿宝石"号上，由"哥萨克"号驱逐舰担任护航的任务。

24日下午6时，满载着财宝的"绿宝石"号，从格里诺克港起航。像这样由一艘船装载如此巨额的财产是从来没有过的事情。巡洋舰的弹药库里，2 229只沉重的箱子堆得满满的，每只箱子都装有4块大金锭。黄金的重量甚至压弯了弹药库地板下面用来加固的角铁。另有488箱估计价值超过 4 亿美元的证券也堆放在船上。

整个夏季，共有 2 000 只证券箱运进加拿大，所有这些各式各样的证券大约有 2 000 种不同的股票和债券。克雷格的 120 名工作人员向伦敦发出了 6 000 多份“询问单”，一再地核实若干个人所有的证券。

克雷格到 9 月份终于核实了全部证券的数目。每一张单据经过登记后都被存档。

根据英国海军部的记录，在 6、7、8 这 3 个月内，英国共将总价值为 25.56 亿美元的黄金运到加拿大和美国。值得庆幸的是，在那三个月内，共有 134 艘同盟国和中立国的船只在大西洋被击沉，而所有载运黄金的船只却不在其中。

温斯顿·丘吉尔和他的战时内阁在这场对大英帝国来说是命运攸关的巨额赌博中获胜了，不但将价值超过 70 亿美元的巨额财产安全地转移到了加拿大，而且在如此巨大规模的行动中成功地保守了秘密。其间，大约有 600 多人参与了证券存放工作。而大洋两岸上千名海员和上百名码头工人则参加了黄金的运送工作，那么多的人能够把这样一个秘密保守得如此严密，这大概是前无古人，后无来者，空前绝后了。

名人轶事

MING REN YI SHI

围绕荷马史诗的谜团

众所周知，《伊利亚特》和《奥德赛》是两部不朽的史诗，至今仍有其独特的文学价值。这两部史诗的作者相传为公元前8世纪的荷马。现代研究表明：这只是古希腊人的说法，这两部巨著的作者，可能另有其人，目前还无法肯定这两部史诗是否为一位诗人独立创作完成，也无法肯定叫荷马的写诗者，是单独一个人还是一个团体。公元前7（或6）世纪留下来的一首古诗曾经有过这样的记载："（荷马是）住在契奥斯岛（爱琴海中一个岛）的一个盲人。"可是这种说法无法考证，所以近3 000年来，一直受到文学界的怀疑。

关于荷马的生平事迹，只有这两部史诗可以引以为据，但其中线索也少得可怜。不过，有一点令人是可以确定的，荷马是古代希腊在公众场合表演吟诵诗歌的人，即古希腊人所称的"吟唱诗人"。对这一点我们之所以这么肯定，是因为希腊人恰好在荷马时代之前不会使用文字。在公元前8世纪中叶，地中海东部的腓尼基人教希腊人学习字母之前，希腊人根本无法书写记载。在荷马以前，故事传说只是凭借口头传播，之所以采取歌谣形式，是为了使"吟唱诗人"容易记诵，较有才能的吟唱者也可以当场即兴发挥，并且，每次表演的细节都不完全一样。每个吟唱者把一首诗歌以自己的方式进行修改，一首诗经过日积月累，就不断有各种发展。《伊利亚特》和《奥德赛》这两部史诗最终写成时，肯定是已历经润色增补的最后的定稿。

读荷马史诗中一些段落，很有短诗的味道，而且诗中若干事件，发生的时代似乎比其他部分更早，充分表明荷马史诗是经过很长一段时间，由很多“作者”创作完成的。

因此，经过推测得出的结论是：就在希腊人从腓尼基人处学会字母，知道如何书写时，一个天赋极高的吟唱诗人出现了，他汇集了大量累积下来的口传诗歌，把它们整理成两部具有丰富内涵的史诗，并用文字记述下来。

对这两部史诗的起源和写作过程做这样的假想，应该是极为妥当的，但又有疑问产生了：因为除了《伊利亚特》某些用语似乎比《奥德赛》时代较早之外，这两部史诗的语调与主题的差异也很大。比如，《伊利亚特》描写的主要是发生在几日内的事，并且对战阵军功极为强调；《奥德赛》所述事迹则长达10年之久，同时专写幻想和神仙魔鬼。因为《奥德赛》内容几乎没有涉及战争残酷的一面，所以19世纪英国作家巴特勒指出：《奥德赛》作者应该是女人而不像是男人！

无论如何，这两部史诗写成之后，并非一成不变，而以后的吟唱诗人又在已写下的史诗上作了新的补充及润色。虽然在留存至今的这两部史诗以书写形式出现的手抄本中，没有早于公元前3世纪的，但是两部史诗呈现出相仿的风格，足以表明某一个时期确有一个统摄的力量，促成了这两部史诗。但这统摄力量源于何处？是个人还是某个集团？为什么找不到任何记载？也许这疑问还将长期困扰着文学界。

苏格拉底为什么被处死？

公元前399年，古希腊著名哲学家苏格拉底被雅典当局宣判死刑。他的罪名是“亵渎神灵，蛊惑青年”、“煽动反民主情绪”。接到判决后，这位著名的哲学家在狱中喝下人们为他准备好的毒酒，痛苦地死去。

沉思中的苏格拉底

在当时，苏格拉底就是一位个性

鲜明的雅典公民，既受到一些人的爱戴，也引起一些人的憎恨。从古至今，人们历来对他毁誉不一。尤其是对于他的死亡，一直存在诸多争议。

苏格拉底哲学中有许多值得继承的地方。他提倡“先认识自己”，这是他哲学的精髓所在。他提出“知识即美德，无知即罪恶”，主张“真知必行”、“知行合一”。他反对人们追求物质享受和社会地位，认为人应注重自身的素质和德行的完善，过一种文明而简朴的生活。他主张社会各行业均应让有专长的人来管理，甚至国家政权也不例外。苏格拉底还是一个教育家。他从母亲为人接生孩子中受到启发，自称是知识的“接生婆”。他在和别人讨论问题时，能敏锐地抓住核心概念，设法使对方陷入自相矛盾的境地，然后，他通过所谓“接生术”，使对方藏在意识中的思想“出世”。这其实是一种独特的启发式教育。希腊另外一位大哲学家柏拉图就是他的弟子。

苏格拉底生前既有大批热烈的崇敬者，也有大批激烈的反对者。他认为自己是神灵赐予雅典的一只“牛虻”，不时叮叮雅典这匹硕大的骏马，为了让它精神焕发。可是，也许雅典被“叮咬”得不耐烦，执意要将他这只“牛虻”拍死。

当苏格拉底被人控告后，他的学生色诺芬和柏拉图在法庭上为老师作了辩护。原告提出苏格拉底的罪状主要有两条：一是引进新神，亵渎了人们公认的神；二是煽动反民主思想，给雅典社会带来了危害。柏拉图作为苏格拉底的辩护人和受审时的目击者之一，事后撰写了《申辩篇》。色诺芬在《回忆苏格拉底》一文中，也逐条反驳了原告的指控。不过后人认为，他们作为学生在为自己的恩师辩护时，难免带有比较强烈的主观色彩，所以这些文件难称“信史”；但是也不否认，材料具有一定的历史价值。由于其他材料缺乏，苏格拉底到底有罪无罪，人们一直争论了2 000多年。

有人认为，苏格拉底之死是“罪有应得”。他当时在雅典已经不仅仅如他自己所称是一只牛虻，他实在是一个“危险分子”。在他还活着时，人们已经开始群起而攻之了。

有人认为，苏格拉底曾组织过一个贵族小集团，进行仇视平民的活动，因此被处以死刑。这是他拥护贵族统治、反对民主政体应受的惩罚。但许多人觉得，这种罪名只要稍加分析，便知难以成立。苏格拉底出身于一个普通的小手工业者家庭，他反对人们追求物质享受，应该不会和贵族为伍，更不会拥护贵族统治；他成天在街头巷尾和老百姓津津乐道人生哲理，又怎会仇视人民？他只是主张由有专长的人来治理国家，并没有否认人民群众的政治能力。

按照雅典的法律，在法庭对被告

进行判决之前，被告有权提出一种不同于原告所要求的刑罚，以便法庭二者选一。但苏格拉底理直气壮地自称无罪。他认为自己的言行不仅不属于犯罪，而且有利于社会；他甚至觉得只有让他终生在雅典卫城的圆顶厅享受国家提供的免费餐，才算合理。在朋友们的规劝下，他提议法庭对他罚款。但结果大大出乎意料：他被判了死刑。

1979 年 4 月 8 日，《纽约时报画刊》发表著名记者斯东的文章。他认为雅典是欧洲思想、言论自由的发源地，不可能仅仅因为传播某种不合乎“主流”的思想，就把一个受人尊崇的大哲学家处死；一定是苏格拉底曾犯下不可饶恕的其他罪行。色诺芬和柏拉图的记载很可能隐瞒了重要情节，美化了他们的老师。但是，苏格拉底究竟犯了何种“其他罪行”，没有谁说得清，或许不愿说也未尝不可能。

米开朗琪罗的创作天才跟他的“怪癖”有关吗？

意大利文艺复兴时期出现过一位多才多艺的巨人。他不仅是伟大的雕刻家、画家，而且也是一位杰出的建筑家和诗人。这个人就是米开朗琪罗。

米开朗琪罗是欧洲文艺复兴时期雕塑艺术上最具代表性的人物，他创作的人物雕像气魄宏大，雄伟健壮，蕴含着无穷的力量。他的大量作品显示了写实基础上非同寻常的理想加工，典型地反映了当时的整个时代。但是生活中的米开朗琪罗却给人以“怪人”的感觉。

艺术大师米开朗琪罗

年轻时代的米开朗琪罗因酷爱学习而陷入了绝对的孤独。别人都把他看成一个孤芳自赏、性格乖僻、疯疯癫癫的人物。米开朗琪罗总是表现得举止粗俗，与社会格格不入，社交活动总使他感到腻烦。这与达·芬奇的相貌堂堂、举止优雅、风度翩翩、受到上流社会人士的喜爱形成鲜明的对照。他只和几位严肃的人士来往，没有其他朋友。他终身未婚，生平只爱过著名的德·贝斯凯尔侯爵夫人维多利阳·柯罗娜，然而却是一种柏拉图式的恋爱。

米开朗琪罗创作时需要绝对的孤独是他的又一个怪异之处，只要旁边有一个人在场，就能将他的情绪完全扰乱。他必须获得一种与世隔绝之感，方能得心应手地工作。为身边琐事所纠缠，对于他来说简直是种折磨。

在他塑造的成千上万的人物形象之中，他没有遗忘过一个。他说，只有预先回忆一下以前是否用过这个形象，然后才能决定是否让人动手勾画草图。因此，在他笔下，从来没有重复现象。在艺术上他表现出让人难以想象的多疑和苛求。他亲手为自己制造锯子、雕刀，不管是什么细枝末节，他都不信任别人。

米开朗琪罗追求完美有时达到苛刻的程度，一旦他在一件雕像中发现有错，他就将整个作品放弃，转而另雕一块石头。这种追求完美的理想使他毁掉了不少成型的作品，甚至在他的才华达到炉火纯青的地步时，他所完成的雕像也并不多。有一次，他在一刹那间失去了耐心，竟打碎了一座几乎竣工的巨大群像，这是一座名叫《哀悼基督》的雕像。

米开朗琪罗作品——《大卫》雕像

骑士利翁纳是米开朗琪罗的门徒，他曾把米开朗琪罗的肖像刻在一块纪念碑上，当他向米开朗琪罗征求意见，问他想在阴面刻上什么的时候，米开朗琪罗请他刻上一个盲人，前面由一只狗引路并加上下面的题词：我将以你的道路去启示有罪之人，于是不贞洁的心灵都将皈依于你。

很多艺术家都有怪癖，米开朗琪罗的性格也确实十分独特。这位伟大的艺术家的创作真的得益于他独特的性格吗？可能吧，但也可能毫无关系，希望有一天我们能够弄明白。

哥伦布发现美洲大陆是阴差阳错吗？

哥伦布发现美洲大陆的事实早就被载入了史册，而他本人也因此彪炳千秋。距哥伦布发现美洲大陆到现在已有四五百年的历史了，有关哥伦布的传说仍在大西洋两岸流传着，传说中这位航海英雄只是阴差阳错地发现了美洲大陆。但是，进入20世纪以来，人们便逐渐对这些说法产生了怀疑。

哥伦布画像

许多历史学家会提出这样的问题，哥伦布如何会犯下这种错误？大量证据显示出他发现的地方既不是日本也不是中国，他为什么在此情况下还一再坚持说他发现的地方就是印度，居住在当地的人就是“印度人”呢？在一些历史学家看来，哥伦布从没想过要去亚洲，他的“雄心勃勃的印度计划”只是为了把其他探险家的注意力引开而精心设计的一个障眼法。他们认为哥伦布的目标从一开始，就是去发现新大陆。

哥伦布向世人宣布，他是以印度作为目的地的，他那个时代的编年史家们相信了他的这种说法。

哥伦布在1492年10月21日，登上了一座在他看来极为偏远的岛屿，在当天的航海日志的一开始他就写道，亚洲大陆仍然是他的航行目标，他要亲手把伊莎贝拉和斐迪南写的介绍信交给“大汗”，即中国的皇帝。哥伦布在返回西班牙途中，给伊莎贝拉和斐迪南写了一封信，其中谈到他建立了一座将有利于“和邻近的大陆……以及大汗做一切交易”的要塞。

从这些资料中，我们可以推断出哥伦布的航向和他的目的地。为哥伦布辩护的多为传统主义者。传统主义者们在著名的航海家萨穆埃尔·埃利奥特·莫里松的领导下，回应了这些质疑，他们说《授权条款》虽然没有非常明确地提到印度，但它所规定的哥伦布享有利润的份额中所罗列的宝石、珍珠以及香料等，全部都是亚洲的产品，因此，他的目的地显而易见。

哥伦布发现美洲新大陆的航行只是他4次航海生涯中的第1次；其后，他又在1493年、1498年和1502年先后3次前往那里。持与比尼奥德特相同观点的人推测，哥伦布在途中肯定曾注意到他所发现的这些岛屿与约翰·曼杰维利以及马可·波罗所描写的地方完全没有共同之处。日本和中国等伟大帝国究竟在何处呢？金屋顶和大理石街道到底在何处呢？这里所有的，只是一些原始的村落。

可能直到第3次航行时，哥伦布才把事情的真相搞清楚了。他在1498年7月航抵了今天委内瑞拉的帕里亚海湾，才开始觉得可能这里并不是中国海岸线外围的岛屿。眼望着宽阔的奥里诺科河三角洲，他估计如此多的淡水只有可能来自一块具有相当大规模的陆地。依照拉斯·卡萨斯的记述，哥伦布在航海日记中曾这样写道：“我相信这块陆地是相当广袤的，迄今为止，我们仍对它一无所知。”

但在这短暂的清醒之后，哥伦布再次陷入了比他最初的“关于印度的伟大事业”更荒诞的想法之中。他把这块新大陆当做“人间天堂”，认为它是传说中的伊甸园。对此，他还作出了进一步的解释，因为它“就位于被权威人士认作是天堂的所在地的赤道附近”。

哥伦布很可能到死时还一直相信他去过的地方就是印度。如果事实果真如此，那么哥伦布的目标专一和倔强可真是天下无双；如果不是这样，他绝不可能对他在以后的航海中所得到的证据视而不见——当然也包括他第1次航海中所得到的证据。

牛顿晚年因何精神失常？

坐在苹果树下的牛顿并非一生正常，据了解，这位卓越的英国科学家曾在50～51岁时一度精神失常，两年后才有所好转。这是怎么回事呢？

科学巨匠牛顿

有些学者推测，这是他长期极其紧张地工作、长期用脑过度而造成植物神经功能紊乱的缘故。

也有许多学者不赞成这种猜测，他们认为，牛顿之所以精神失常，主要原因是由于长期形成的心理机能障碍在外在因素的刺激下引起心理异常的结果。

1677年，他的恩师巴罗和皇家学会干事巴格相继去世，这使他异常悲伤、情绪低落，曾使证明万有引力定律的研究工作一度中止。1689年，他母亲的逝世使他陷入悲伤痛苦的深渊，再加上一场无情的大火将他多年心血凝成的重要论文原稿烧毁而对他精神产生了沉重打击。在这一系列打击面前，牛顿精神失常也就不足为怪了。

曾经有两位研究牛顿生平的学者，获得了牛顿遗留下来的几绺头发。他们发现牛顿头发中含有高浓度的有毒微量金属元素，其含量高出正常人许多倍，尤其是汞的浓度令人害怕，汞在他体内的积蓄量比允许值超出了20倍。许多学者由此断定：由于牛顿长期进行物理、化学实验，经常暴露在一些有毒金属的蒸气中，尤其是长期接触汞而终致汞中毒，他们推测，汞中毒引发了牛顿的精神失常。

但以美国科学家狄士本为代表的一部分学者认为这种推测是不可靠、不可信的。这是由于：首先，今天人们已根本无法证明这几绺头发是牛顿精神失常时期还是其他时期的头发，而不同时期的头发，所含微量金属元素的种类和数量是大相径庭的；其次，头发中所含微量元素会受不同环境因素的影响而发生变化，而牛顿这几绺头发分别保存在不同的地区不同的环境中，历经250年，在漫长的年代里，遭受到了不同的外来环境因素的干扰与影响，也可能吸收了外界中其他有毒物质而发生变化，即使这几绺头发是他精神失常时期的头发，保存到今天已是面目全非了。最后，据学者们调查表明，即使在牛顿发病期间，也未出现牙齿脱落、手指颤抖等能证明汞中毒的任何迹象。因而他们认为，牛顿的精神失常的病因是心理方面的而不是生理方面的。他的病症是现今所谓的临床抑郁症，绝非汞中毒。

以上所列举的种种推测都极有可能是导致牛顿精神失常的主要原因。但真正确凿可信的病因，还有待科学家们进行更深入的全面研究方可知晓。让我们拭目以待。

托勒密真的是欺世盗名吗？

托勒密是希腊有名的天文学家，他因地心说而影响深远。托勒密的地心体系学说认为地球居宇宙中央不动，日月星辰都围绕地球而运行，这个概念是他学说的基础。后来，他的学说被推翻，但他仍是公认的才华横溢的科学家和天文学家。可是，美国巴尔的摩市约翰斯·霍普金斯大学的天文学家牛顿，对托勒密是否是天文学家提出了质疑。牛顿在彻底研究分析了托勒密的思想方法和数学法则之后，作出了这一论断。他说托勒密根本就不是天才，而是骗子。

随后，牛顿在《托勒密罪状》一书中指出，托勒密为了使自己的理论成立，不惜捏造观测结果，甚至于他还篡改了较早期天文学家的一些发现和观测记录。

牛顿找出了证据来证明他这种石破天惊的论断。首先他把托勒密在特定时间内观测到的月亮位置的数值记录，与我们今天知道的当时月亮所在确切位置的数值进行比较，发现与托勒密所宣称的观测结果相差太远，这不能以古代仪器不够精密来搪塞。托勒密的观测甚至还不如较他早几百年以肉眼作的观测准确。托勒密的数值误差超过 1/4 度。这样看来误差似乎并不算多，不过这样等于表明托勒密只是将仪器瞄准月亮边缘，而不是瞄准月亮中央。这样大的错误即使是略知一二的生手也不应该犯，更何况一个天文学家。但是，值得注意的是，这些错误数值正好与托勒密自己假设的天文公式的数值相合。

牛顿还宣称托勒密有一次甚至报道一项绝对没有人能做得到的观测，这可以说他是个骗子。托勒密报道说这项观测是古代天文学家喜帕恰斯做的，他提及的这项观测是公元前 200 年 9 月 22 日下午 6 时 30 分的一次月食。但是我们现在知道，那一天，月亮是在托勒密记载的时间后半小时才升起来的。因此，如果不是原来的观察记录是杜撰的（如果是杜撰，托勒密应该看出来），那么就应该是托勒密把喜帕恰斯的观测结果给改了，又或者这一观测结果是他自己凭空捏造而硬说是受人尊敬的喜帕恰斯所述，并以此为自己编造的数值增加声势。由于喜帕恰斯的记录原本现在已经失传，我们无从考究。不过他说的月食时间正好跟托勒密理论所预测的完全吻合，牛顿就十分肯定究竟是谁在耍把戏了。

据牛顿推测，惟一可能的结论是：托勒密把自己的假设作为基础，然后推算出能支持他的说法所需要的数值，再宣称这个数值确实是从观测中所取得的。他还对所用观测仪器以及观测方法作了详尽无遗的描述，这样无非是可以使他的大骗局更加可信罢了。

牛顿的著作非常复杂难懂，但是，如果牛顿的这一论断被证明正确无误的话，那么托勒密的学术讹骗则不仅有害于天文学，而且也毁了他自己。因为像托勒密这样具有优良设备的科学家，要想取得真实观测数值并不是什么太难的事情，而且也许根据那些真实数值，就能使他发现太阳系的真相：地球是绕太阳而转动的。这一真相，直到14个世纪之后，哥白尼才发现，但哥白尼所用的数学方法和观测仪器，并不比托勒密当年所用的精密多少。

不管托勒密理论体系是否科学，但他在享誉科学界的伟人中还是名声赫赫，我们期待着能有更多的资料让我们去全面地了解这位科学家。

达·芬奇神奇的创造力来源于他人吗？

意大利文艺复兴时代的伟大先驱列奥纳多·达·芬奇，是举世瞩目的旷世奇才。达·芬奇才华横溢，知识广博，在许多领域都有建树。他不仅在绘画、雕塑等艺术领域取得了极为丰硕的成果，而且在物理、数学、解剖、地质学、天文和建筑、工程制造方面都有很高的造诣，在这些学科领域中他无愧于“杰出创造者”的称号。就是现代科学家也十分惊讶于达·芬奇的精深的知识结构以及惊人的天赋。因为人们几乎不能相信上天会慷慨地把盖世奇才和美德完美地赋予一个凡人。而天才达·芬奇却能集这两者于一身，在世界人物史上也很鲜见，他为何如此幸运地得到上苍的青睐成为一个难解之谜。

欧洲一些专家学者近年来广泛而认真地研究了达·芬奇的生平，企图从中找到一些奥秘。有人用计算机分析了他一生的成果。结果令人们大吃一惊，若要完成他全部的绘画、雕塑、研究和各种发明等工作，就算一刻不停地做，需要的时间至少也是74年。这对他来说，简直不可能，因为他只活了67年。

人们从达·芬奇的生平中，还能隐约感觉到某种神秘之处。他一无家庭，二无亲友，终其一生都在躲避着那些被他称为“多嘴的动物”的女人，他隐秘的生活使他从事的事业非常机密。这更使专家们怀疑，达·芬奇可能是得到了神秘人物的帮助。否则，一个人的精力是有限的，如何能取得如此大的成就

达·芬奇的社交圈很狭小，这就使人们很容易对达·芬奇惟一的仆人托马兹·玛奇尼产生兴趣。托马兹·玛奇尼是一个时刻跟随在达·芬奇左右的人，他是一位面目慈祥、体格强壮并有一双智慧之目的中年术士，阅历十分丰富，曾到过东方，受到过东方圣人和统治者的接见，还带回了大量的古阿拉伯和古埃及的书籍。据记载，他是一位出色的水力专家、雕刻家、机械师，同时对炼丹术和妖法极为热衷，只是因为他身份低微，故不为人们所知。有些学者从这些史料中得出结论：托马兹·玛奇尼是达·芬奇的有力合作者。

但大多数历史学家对上述的观点颇有微词。他们认为，托马兹·玛奇尼这个人物是人为臆造的，并不是历

史人物。

有些专家认为，达·芬奇可能是立足于古人的创造发明并对它们进行了再创造和改良而得到如此丰硕的成果的。他们指出，类似直升机的画，早在达·芬奇之前的佛来米派艺术家手稿中就已出现过，与达·芬奇后来的设计很相像。另外，有记载表明，达·芬奇与东方祭司相交甚密，长期往来。他可能从这些古代文明的传继者那儿，得到许多人类知识的精华。

究竟那种说法正确，不得而知。希望有一天历史学家解开这个谜。

英国诗人拜伦远走他乡是被逼的吗?

英国浪漫主义诗人拜伦

英国著名诗人拜伦声名远扬，对欧美诗坛有着很深的影响。拜伦曾在诗中热烈地表达过对自己的祖国的爱——“英国哟！我爱你，尽管你有那么多缺陷”，然而就是这位深深眷恋自己祖国的诗人却在1816年离开深爱的祖国远走他乡，并从此黄鹤一去不复返。为什么拜伦如此坚决地去国离乡，这在史学界和文学界一直是颇有争议的论题。

按照英国史学家麦考莱的看法，拜伦的出走是由于英国上流社会的毁誉。1815年1月，拜伦与宪尔班克小姐的结合因妻子离家分居而告结束。消息传开，拜伦发觉他一夜之间便已身败名裂。把婚姻制度的神圣视为信条的中产阶级齐声谴责拜伦的残酷无德，上流社会的沙龙更是视之为魔鬼怪兽，把诗人拒之门外，这同《恰尔德·哈罗德游记》刚出版时的情形相比真是天壤之别。拜伦感到莫名其妙，不堪忍受这种巨大的反差。我国学者范忠存先生在其所著《英国文学史提纲》中也说，当《恰尔德·哈罗德游记》头两章等诗篇发表时，拜伦“一觉醒来，成了大名”，享誉文坛好几年后因与妻子的离异，舆论界又转而反对拜伦，这使这位最骄傲的人饱尝了世态的炎凉，人情的淡薄。这逼迫拜伦不得不出走他乡。

另一种说法认为拜伦的政治思想不被英国统治阶级认同。吴富炟主编的《外国著名文学家评传》“拜伦”一条即指出，拜伦的各种传记作者竭力掩盖拜伦与英国统治阶级之间的鸿沟，这是不正确的。事实上，拜伦在议会里的大胆演说，他的诗歌所表现出的政治及宗教方面的自由思想，都使统治阶级对他恨之入骨。于是他们在诗人私生活方面制造种种“丑闻”，挑拨他妻子同他离异，唆使社会舆论谩骂拜伦是叛徒、国王的诽谤者、道德的破坏者、拿破仑的颂扬者等，使诗人在社会上处处受到责难和毁誉。对此，拜伦认为：“如果那些低语、私议和传言是真的，我对英国是不合适的。如果不是真的，英国对我是不合适的。”所以说，表面上拜伦最终是由于被迫害而不得不离开英国，“其实，他是被英国统治阶级逐出自己的祖国的”。这是一个比较可靠的说法。

还有一种说法是家庭变故。亨利·托马斯和黛娜·莉·托马斯合著的《英美著名诗人传》认为，拜伦的妻子宪尔班克是英国社会中见识平庸的女子，拜伦终因婚姻生活的破裂而名声一落千丈、成为众矢之的，心灵遭受了巨大的打击，被迫流浪异乡，到异国他乡去追寻自己真正的生活。

虽然各种观点都有一定的道理，但到目前为止还没有一个确定的答案，但愿学者专家们能找到更多的证据来找到拜伦如此决绝的原因，让这一历史悬案大白于天下。

托尔斯泰耄耋之年因何出走?

托尔斯泰是举世闻名的俄国批判现实主义作家。他1828年出生于俄罗斯一个古老的贵族世家，排行老四。母亲是俄国著名诗人普希金的远亲，文化修养极高，通晓法语、德语、英语与意大利语。虽然在托尔斯泰牙牙学语时母亲就去世了，但是她营造了浓厚的家庭文化氛围。母亲还在托尔斯泰没出世之前，就为他的三个哥哥聘请了很好的家庭教师。在大哥的启蒙下，从很小起托尔斯泰就会背诵普希金的诗，后来又接触了许多文学名著。

托尔斯泰一生著作甚丰，1852年，他创作了自己的处女作《童年》，小说一经发表后，立刻引起文坛极大轰动。之后托尔斯泰便投入《战争与和平》的创作之中，直到1869年秋，这一里程碑式的作品才宣告完成。小说刚出版不久便销售一空，托尔斯泰也赢得了世界声誉。

1873年，托尔斯泰开始了他的另一部文学巨著——《安娜·卡列尼娜》的创作。在这部使他获得“艺术之神”称号的作品中，作者已经将批判的笔锋指向了整个封建社会。托尔斯泰非常同情俄国下层社会，面对在苦难海洋中挣扎的百姓，心里充满了不安与焦虑。他主动放弃了贵族爵位，还辞去了贵族长职务。小说《复活》是作家对沙皇统治下的俄国社会批判得最全面、最有力、最深刻的一部巨著，作者也对受辱的下层人民再次表现了最深切的同情。

1910 年 11 月，托尔斯泰已经是 82 岁高龄。这位成绩卓著的老人，在秋雨绵绵的夜晚悄然告别家乡，独自出走。几天之后，他终因身体虚弱，病逝在一个小火车站站长家里。托尔斯泰为什么要为自己值得骄傲的一生，画上一个如此悲凉的句号？

耄耋之年的列夫·托尔斯泰

有人认为托尔斯泰的妻子索菲亚应该对此负责。托尔斯泰与索菲亚 1862 年结婚，夫妻感情一直很好，曾被当时俄国文坛传为佳话。但从 19 世纪 80 年代起，托尔斯泰已经不满足于用小说来批判俄国社会，决心以实际行动全盘否定并改变了自己过去的贵族生活方式。他打算解散自己的庄园，把财产分给穷人，而妻子对此并不赞同，夫妻不和日益发展。1910 年夏天，托尔斯泰又背着家人立了一份遗嘱，其中强调：他的作品交给大众，并在今后无偿出版。索菲亚从丈夫日记中发现此事，并与托尔斯泰开始争吵。出走前夜，作家发现妻子在家中秘密寻找那份遗嘱，十分震怒。凌晨，他在医生陪同下悄然离去。

然而另一部分人认为，把作家出走的主要原因加在他妻子身上是不公正的。虽然索菲亚在思想上难以和丈夫保持一致，在实际中也难以接受放弃庄园、财产的想法，但两人毕竟相濡以沫多年；托尔斯泰出走前不久还说："我觉得没有你，我根本不能活下去。"由此看来，托尔斯泰出走的主要原因并非因为夫妻不和，而是另有原委。实际上是一个叫切尔特科夫的人导演了托尔斯泰的悲剧。

托尔斯泰早在写完《安娜·卡列尼娜》之后，世界观就发生了剧变，形成了以"放弃私有财产"为核心的托尔斯泰主义。这表现在具体行动上就是，他开始过简朴的生活，从事体力劳动，注意接近农民。后来托尔斯泰结识了切尔特科夫，深受其影响。切尔特科夫还介入了托尔斯泰的家庭生活和私人事务，他从"放弃私产"

的原则推导出“非版权所有”的主张，并且草拟了一份关于文学遗产继承权的最后遗嘱，让作家签字。遗嘱主要内容是：托尔斯泰的一切文稿、文著、日记、信件，全部由其小女儿萨莎继承，并移交给切尔特科夫出版。因为遗嘱事关家庭以后的经济来源，而索菲娅又不知道其中内容，因此她对切尔特科夫非常反感，她曾经说过：“我的一切不幸都是从切尔特科夫来访开始的。”而切尔特科夫也显然对索菲亚“印象不佳”，曾对托尔斯泰说：“要是我有像你这样的妻子，我早就逃到美洲去了，或者自杀了。”显然，话里含有挑拨和教唆的味道。

托尔斯泰出走的具体原因，也许谁都说不清楚。但是以上两种不同的意见，使我们看到了一个共同的地方：托尔斯泰晚年内心十分矛盾痛苦。他思想上同情社会底层，而自己却身处生活优裕的上层；他能够有力地批判现实，却无力改变现实。他最终以出走的方式，来减少内心痛苦，回归于自己的理想。为此，他付出了生命的代价。

“歌曲之王”舒伯特终生未婚的原因是什么？

古典音乐大师莫扎特曾言，单身汉的一生只是人生的一半；马丁·路德认为，没有妻子的生活比起没有饮食还要难受。但是著名作曲家、“歌曲之王”舒伯特却终身未婚。他从未触摸过女性便迅速走完了他31个春秋的人生历程。

喜爱音乐的人们，已经十分熟悉音乐会上经常演唱的歌曲如《魔王》《菩提树》《鳟鱼》《死神与少女》《流浪者》；而舒伯特的九部交响曲中的《C大调交响曲》《未完成交响曲》更是创造了19世纪著名抒情交响曲的新典范，仅仅这两部交响曲便足以奠定他为一流作曲家的地位了。

弗朗兹·舒伯特（1797－1828）生于维也纳近郊，他是19世纪著名大作曲家中惟一一位地道的维也纳人。其祖父是工匠，到了他父亲时，便有了小学校长的职位。舒伯特是十几个兄弟姐妹中侥幸活下来的四人之一，由于音乐天赋极高，4岁时跟父亲和哥哥分别学习小提琴和钢琴，水平很快超过其父兄。由于他过分热衷于音乐，而从事这一职业的人又是没有地位和金钱的，所以后来其父一度终止了父子关系。这位羞怯而又富于幻想的男孩音乐天赋令同代人叹为观止，有人说他似乎是“直接从上帝那里学习的”，比如他在1815年8月份一个月的时间里便完成27首歌曲，同年共写了137首艺术歌曲，2部交响曲，1首四重奏，4首奏鸣曲，2首弥撒曲和5部歌剧。而在他短短的31年里，创作了约有1 500首的作品，遍及所有的音乐题材和形式，其中包括634首艺术歌曲，其艺术价值无后人可比，因而他被后世誉为“歌曲之王”。比如《魔王》的名气大大超过了歌德的同名叙事诗，有人认为，假设舒伯特一生只写此一曲，其他都没有，也足以使他载入音乐史册。一位诗人在双目失明、生命将尽之时，提出的惟一要求便是听一遍《魔王》。本来对舒伯特歌曲不感兴趣的歌德首次听到此曲后，便要求演唱者重唱一遍。后来，李斯特和柏辽兹先后把此曲改编成钢琴曲和管弦乐曲。本来，舒伯特具有诗人的性格，联想力也相当丰富，他的作品充满了浪漫主义的气息，因而他对爱情也应该更为敏感才是，然而在他短暂的一生中真正燃烧过爱情火焰的却只有一次。他曾把《少年时期的梦》献给泰蕾莎·格罗普，可是她却轻松地甩掉了舒伯特，嫁给了一位面包师，以确保她的生活；另外一个歌手也与舒伯特有过交往，她也嫁给了一位身份较高的人。有人把原因归结于舒伯特的相貌。确实作曲家对自己的容貌亦有自知之明。他身材矮小，大腹便便，厚厚的嘴唇，皮肤黝黑，脑门很大，维也纳人叫他“蘑菇”。这样的长相加上他羞怯内向的气质，自然难为女性恭维。传记家们描述他“个子较常人矮，手臂满是肌肉，手指粗而短，脸部圆得像月亮，前额狭小，唇厚，眉毛如杂草，鼻子塌陷，而且上翘，眼睛虽好看，但总是藏在眼镜深处，即使躺在床上，也戴着眼镜”，这样的男人怎么赢得女人的芳心呢？

有人把舒伯特不恋爱结婚的原因归因于他的经济状况及他的性格。他一生穷困潦倒，从未过上几天富裕日子。他的一生比莫扎特悲惨得多。在他生活的那个时代，专门作曲的人很难糊口。他不是一位演奏家，无法获得正式而长久的工作，只靠朋友们接济度日，这种朝不保夕的生活一直维持到最后。虽然他出售了成千上万份作品，但他得到的每每是一顿饭钱，如最著名的那首《摇篮曲》只换了一盘烤土豆，而在他死后，这首曲谱在巴黎竟以4万法朗成交。他死后的财产仅是一些衣物、被褥和“一堆价值十个弗罗林（一弗罗林相当于两先令）的旧乐谱”。也许他明白自己可怜的经济地位，所以从未认真考虑过要结婚。

另外，正如从他画像表情上显示出的那样，他不是一个容易博得女人欢心的人。舒伯特性格内向、羞怯而优柔寡断；他虽然也爱欢乐，但只是终日与一帮“舒伯特派”的朋友们相聚。至于爱情，他表现出克制与谨慎，实际上是压抑自己，如他曾恋上匈牙利一贵族之女、他的学生卡罗琳·埃斯特哈赛，但由于他的性格和处境，所以从未做出什么轻率的举动。他们那柏拉图式的“爱情”游戏没有留下何时中断的记载。然而，这位并不忠诚的贵族小姐在还未嫁给陆军少尉去过那“幸福的结婚生活”之前，舒伯特就早已去世了。这场毫无结果的“爱情”只会加深他那“当我想歌唱爱情的时候，它就转向悲伤”的孤独的忧郁。他在日记中曾写道：“发现密友的人，是幸福的，但是在妻子身上发现密友的人，更为幸福。今天的自由人，只要想到结婚，就会恐惧。”“不论给予我的是爱情还是友情，全是一种痛苦。”可见他自己并未奢侈得到爱情及爱情的结果。

另外，使舒伯特独身的因素可能有贝多芬的影响。一生未婚的贝多芬是舒伯特心中的偶像，他甚至把贝多芬当做神一样崇拜，他说：“有时候我也做过梦，但是在贝多芬之后，谁还能做什么事情呢?”当他第一次带着诚惶诚恐的心情去谒见贝多芬时，却未遇见；直至在贝多芬死前一星期才见上面。在贝多芬的葬礼上，舒伯特是举着火炬送葬的少数人之一。他死后惟一的要求便是想与贝多芬葬在一起，这个愿望最终在1888年才得以实现。贝多芬终生未婚，他在舒伯特那崇高的心灵中，有着一种神秘主义色彩。舒伯特像莫扎特一样预感到自己生命的衰竭，他心目中也许只想到他的同代偶像，而对自己于女性毫无兴趣的生活视为自然而满足，至少他不愿想到结婚。因为在他的短暂的一生中，贝多芬的影响确确实实占据了重要的一席。

究竟是哪种原因导致了这位天才作曲家的英年早逝，也许只有这位当事人才能说得清楚吧。

一代文豪高尔基是被谋杀致死吗?

一代文豪、被列宁称之为“无产阶级艺术的最杰出的代表”的高尔基在1936年与世长辞。

一代文豪高尔基

高尔基病逝不久，苏联政府突然宣布高尔基是被无产阶级的敌人谋杀而死。1938年3月，苏联政府在莫斯科对“右派和托洛茨基派反苏维埃联盟”进行了公开审判。谋害高尔基案是审判的内容之一。

在法庭上，站在被告席上的原共产国际执行委员、苏共中央政治局委员布哈林供认："联盟的联合中心内属于托派的那些人建议组织一次反对高尔基的敌对行动，因为他是斯大林政策的支持者。"布哈林解释说，不排除要从肉体上消灭高尔基的可能性。原内务人民委员雅戈达供认了谋杀高尔基的动机。他说，高尔基一直是斯大林路线的热情支持者和拥护者。托派要推翻斯大林政权，不能忽视高尔基在国内外的威望。高尔基既然不能脱离斯大林，那么"联盟"只好干掉他。

他们的供词可靠吗？前苏联不少学者认为不可靠。布哈林在被捕后曾遭受酷刑拷问，但他拒绝认罪。内务部的审讯人员恫吓他说，如果他拒不认罪，他妻子和儿子的生命将受到威胁；反之，如果他协助党把问题弄清楚，他的家属可不受株连，他本人也可从宽处理。布哈林终于屈服了，于是供认了种种犯罪事实。

原内务人民委员雅戈达在受公开审判时，说谋害高尔基是政治目的。可是在一次未公开的审判中，他又说他谋害高尔基是属于情杀，因为他与高尔基妻子的关系暧昧。

还有一种更为震惊的说法是：高尔基的死是斯大林所为。

1928 年，高尔基由意大利返回莫斯科。这时的苏联由斯大林当政。斯大林希望在政治上得到蜚声海内外的高尔基的支持。

在斯大林的授意下，内务部拨给高尔基两幢别墅。当高尔基想要了解人民生活时，内务部就安排他到指定的工厂和集体农庄与工人、农民座谈。高尔基身边的工作人员也经常在他面前歌颂斯大林的英明领导。

高尔基渐渐被与世隔绝了。但是作家敏锐的目光通过普通老百姓的脸透视了这个国家所发生的一切。高尔基在精神苦闷时常常自言自语："他们包围了我，封锁了我"，"我简直要烦死了"。

斯大林企图说服高尔基，希望作家写一部《斯大林传》，描绘列宁与斯大林的亲密关系。斯大林甚至提议让高尔基担任文教人民委员的职务，高尔基谢绝了。随着时间的流逝，高尔基也没有动手写《斯大林传》。莫斯科的"高尔基热"开始渐渐降温了。

应苏联党内反对派首领加米涅夫之请，高尔基安排了加米涅夫与斯大林的一次会见。想不到这是斯大林与高尔基关系破裂的开始。加米涅夫被捕以后，斯大林怀疑高尔基属于加米涅夫一伙，指示《真理报》公开发表指责高尔基的文章。高尔基从此受到了严密的监视。

1936 年 6 月，高尔基病重期间，斯大林设法弄到了高尔基与海外的通信及札记、随笔等，通过分析，斯大林了解到高尔基对苏联文化政策的看法和思考。斯大林对高尔基的敌意加深了，终于对他采取了极端的措施。

在高尔基病重期间，有人给高尔基送了一盒精美的糖果。高尔基把它放在床头柜上。经常请来访的客人品尝。有一天，高尔基打开糖盒，请照料他的两个卫生员吃糖，他自己也吃了几块。一个小时以后，这三个人的胃部疼痛难忍。再过一个小时，三个人不治身死。

这盒糖是谁送的呢？为什么来访的客人吃了没事呢？不得而知。

有人对“糖盒事件”不屑一顾，认为是虚构的故事。高尔基晚年的好友伊萨克·巴别尔在高尔基病危期间经常到医院去探视，他说高尔基因病去世很正常，所谓谋杀高尔基的说法是子虚乌有的事。

杀害普希金的幕后元凶是谁？

1799 年，亚历山大·谢尔盖耶维奇·普希金出生在莫斯科一个贵族地主家庭。《鲁斯兰和柳德米拉》《叶甫盖尼·奥涅金》等诗作为作者赢得了“世界第一流大诗人”的崇高声誉。1837 年 2 月，普希金却在与一个法国保王党人的决斗中惨遭杀害。读者们在欣赏普希金那隽永而富有哲理的诗句之余，必定对杀害诗人的凶手感到愤慨。

事情的经过是这样的：1828 年 12 月，普希金在莫斯科一个舞蹈教师举办的家庭舞会上结识了“莫斯科第一美人”娜塔莉娅·尼古拉耶芙娜·冈察罗娃，两人一见钟情，不久便正式宣布结为夫妻。当时，诗人正在沙俄政府外交部供职，他的夫人经常出入上流社会。1834 年，一位法国波旁王朝的亡命者乔治·丹特斯来到普希金夫妇所在的彼得堡，在沙皇禁卫军骑兵团任职。外表潇洒、生性风流的丹特斯很快结识了冈察罗娃，并且开始如痴如狂地追求她。诗人受不了这种侮辱，在忍无可忍的情况下，他为了维护自己的名声而向丹特斯要求决斗。在决斗场上，丹特斯趁诗人还没有做好准备就首先开枪，使普希金受了致命的重伤，不久便溘然而逝。彼得堡有数万人到诗人生前的住所凭吊，人流络绎不绝。各家报纸在刊登噩耗时说：“俄罗斯诗歌的太阳陨落了！”人们在怀念普希金的《诗人之死》中写道：“一个法国纨绔子弟，用罪恶的手，扼杀了美、自由和诗。整个俄罗斯在哭泣，全体俄罗斯人愤怒了：交出丹特斯！还我普希金！”

杀害一代“诗豪”的真正凶手是谁？谋杀普希金的凶手难道仅仅是丹特斯一个人吗？有关专家通过对大量史料的详尽探究，提出了与众不同的见解。

原来，当时在位的沙皇尼古拉一

世也被诗人妻子的美丽姿色所倾倒。为了让冈察罗娃能够经常参加宫廷晚会，沙皇特地在1834年底任命普希金为“宫廷近侍”，陪伴沙皇的左右。此时，诗人已经年届三十有五，被迫整天夹杂在一群年轻气盛的侍从之中，普希金表面上不敢违抗指令，但心中为此事感到屈辱不平。他曾气愤地对人说过：“我可以做一名普通的平民百姓，甚至做一个奴隶，却永远不愿做个被人拨拉的弄臣，哪怕就是在上帝那里。”沙皇尼古拉一世也对诗人越来越感到不满，专门委派心腹暗中监视诗人的言行举动。后来，法国逃亡者乔治·丹特斯在各种社交场合公开追求普希金的妻子冈察罗娃，就是受到沙皇的暗中支持与纵容。

与此同时，因为沙皇本人早就看中了诗人娇妻，于是沙皇就利用丹特斯这件事在彼得堡上流社会大肆造谣中伤，散布小道传闻，并且授意布置了丹特斯与诗人之间的血腥决斗。当诗人普希金在决斗中不幸遇害之后。悼念追忆诗人成就的各种文章在报刊上发表，一时成为声讨沙皇黑暗暴政的战斗檄文。面对群众的抗议浪潮，沙皇尼古拉一世做贼心虚，担心诗人的葬礼会引起更大的事端，秘密派人趁夜色掩护把诗人的灵柩悄悄从准备举行葬礼的教堂中运走，送到远处一座偏僻的圣山修道院里草草埋葬了。研究人员指出：此事明显表明了沙皇对于诗人之死负有不可推卸的责任，普希金英年早逝是沙皇尼古拉一世的阴谋诡计的牺牲品。诗人普希金作为俄罗斯文坛的巨子虽然过早地离开了人间，然而参与杀害他的直接凶手和幕后谋划者，包括沙皇和吃人的沙皇暴政都已经被钉在了历史的耻辱柱上，永远为人们所唾弃。

俄国文豪高尔基称赞普希金的作品“真实地描绘了时代的面貌”，著名文学评论家别林斯基则称普希金的诗作是“俄罗斯生活的百科全书”。人们在痛悼这位“俄罗斯诗歌的太阳”的同时，也希望尽早挖出谋害诗人的真正元凶，好让这位伟大的诗人瞑目于地下。

音乐大师贝多芬猝死之谜

天才似乎总要受到更多的磨难，世界音乐史上最伟大的音乐家贝多芬便是这样。他一生与病痛为伴，饱受折磨，尤其是耳朵失聪几乎断送了他的音乐前程。由此他的精神支柱坍塌了，甚至曾一度绝望得企图自杀，终于，这颗音乐巨星于1827年3月26日下午5时30分陨落，给世人留下无限遗憾和感慨。

关于贝多芬是什么原因致死的，人们大都认为：这位作曲家的死是由严重酗酒而引起肝病所致，他在55岁时发现患有严重肝病。但是英国尤维尔区医院风湿科顾问医师帕尔福曼对这种看法提出了异议。他认为折磨这位作曲家的许多病痛是一种少见的风湿病引起的，这种少见的风湿病会使身体的每个器官发炎，并逐渐侵袭全身。贝多芬禁不住要自杀也主要是因为这种病痛非常剧烈。最后，贝多芬被这种风湿病折磨致死。他还认为，如果用现代的类固醇给他治疗，给他做肝脏移植手术，贝多芬可以多活许多年，足以让他完成“丢失”的第十首交响曲。

法国著名作家阿尔方斯·卡尔是贝多芬的同时代人，他的《在椴树下》一书为贝多芬之死的原因和具体情况提供了新的线索，并详细介绍了作者自己的观点。他写道：作曲家死前不久的一天，他的侄子来信说自己在维也纳被牵连进一桩麻烦的事件中，只有伯父出面才可以帮他脱离困境。贝多芬接到信后立即徒步上路，夜宿于一家农舍，到了夜里，贝多芬感到浑身发烧，疼痛难忍。他辗转反侧，难以入睡，于是爬起身，赤着双脚到田野里徜徉。由于时间待得太长，夜寒侵骨，回来时他已冷得发抖。主人从维也纳请来一位医生为其诊治。最后医生确诊为肺积水。医生说他的命已危在旦夕。得知贝多芬病重的消息后，德国著名钢琴演奏家和作曲家胡梅尔来看他，但贝多芬已无法与其交谈，他仅用饱含感激的目光凝视着他。胡梅尔通过听音筒向他表示他的悲伤之情。贝多芬以听音筒依稀听见几句大声的喊叫之后，顿觉畅然，他两眼熠熠生辉，对老朋友说：“胡梅尔，我果真是个天才吗？”说完后，他张大嘴，两眼直勾勾地瞪着胡梅尔，溘然长逝。

另外，还有一些研究专家试图从贝多芬的家庭关系上来揭开作曲家的死亡之谜。我国学者赵鑫珊在《贝多芬之魂》一书中认为：贝多芬侄儿卡尔长期的烦扰，大大损害了他的健康，给他的精神带来了莫大的痛苦，导致他过早地离开了人世。他的侄子在别人面前称呼贝多芬“老傻瓜”，而且只要人家看到他同这个“老傻瓜”在一起，他就觉得丢脸。只要贝多芬对他稍加严格，言语过重，这个无赖就会用自杀来威胁。但是尽管如此，贝多芬对他慈父般的爱还是有增无减，并且一再容忍他。1826 年 12 月 1 日，卡尔不听贝多芬之劝，硬要去军队服役，贝多芬只好陪他上路。就是在旅途上贝多芬得了严重风寒，从此一病不起。他回到维也纳时，完全是个去日无多的老人。可是伯父卧床不起的消息传到卡尔那儿后，他竟无动于衷，依然自娱自乐。严重的肺炎过后，接着便是肝硬化，最后引起水肿。有的学者非常明确地说：实际上，贝多芬是被侄儿气死或逼死的。

贝多芬真的是死于酗酒所致的肝病吗？亦有人说他的耳聋和他在爱情上的失意使得他的身心遭受极大的创伤，由此而抑郁成疾。有关贝多芬的真正死因或许我们永远都无法得知，但我们不会就此放下探索的脚步。

莫扎特是死于谋杀吗？

18世纪奥地利伟大音乐家莫扎特（1756－1791）在他短暂而辉煌的一生中，共创作了50部交响乐、28部室内乐、21部钢琴协奏曲、17部钢琴奏鸣曲、17部歌剧。虽然在贫困的泥沼中挣扎一生，但莫扎特使音乐充满欢乐与光辉。后人评价他的音乐"抒情流畅，真挚明朗，充满高尚的美感"，给世界文化增添了光彩，也给人类带来莫大的精神享受。

1791年12月5日凌晨，这位音乐天才与世长辞，年仅35岁。没有隆重的葬礼，连送葬的队伍都很零落。没有体面的墓地、豪华的墓碑，他被草草地安葬在贫民公墓。几经岁月沧桑，当后人来此凭吊时，只能茫然地面对一片荒冢。然而更有人觉得，上天对莫扎特的不公，可能还不仅仅于此。

音乐神童莫扎特

莫扎特为何英年早逝？当时的医务界认为他死于尿毒症。尿毒症是由于肾功能丧失而引起的疾病，这当然不需要另外验尸。莫扎特夫人也相信了医务界的观点，没有提出特别要求。但是关于这位著名音乐家之死，当时就有一些传闻。它似乎在向人暗示，莫扎特死得"不明不白"。天才和成就使他遭人嫉妒，嫉妒者最终以卑劣的手段暗算了他。

莫扎特的葬礼是在他去世的当天下午匆忙举行的。虽然当时就流传莫扎特遭人暗算而死的说法，但这均被斥为无稽之谈。"病死说"成了盖棺定论，就连权威的《牛津音乐指南》也承认这一点。然而近两百年来，一直有不少人怀疑莫扎特并非死于疾病，而是被人蓄意谋杀。俄罗斯大诗人普希金还曾就此写过一首长诗。但这些都是推测，没有实际证据。

事隔近两百年后，英国剧作家雪佛在其剧本《阿麦丢斯》中，又重新提起莫扎特之死，引起人们对这一沉沦两个世纪的悬案的注意。据以往说法，莫扎特葬礼那天有一场暴风雨，因此参加葬礼的亲友无法陪着灵柩去墓地。就这样，莫扎特的遗体在没有一个亲友在场的情况下入土。但雪佛在一个偶然的机会下看到了一篇文章，该作者声称他看过 1791 年维也纳全年的气象记录，记录显示莫扎特下葬那天维也纳并没有暴风雨，根据维也纳的降水情况来看，12 月的维也纳有暴风雨的可能性几乎为零。雪佛经过进一步调查还证实："莫扎特葬礼遇暴风雨"的说法不是当时就有的，完全是后来以讹传讹的结果；在莫扎特死后 50 年，也就是 1840 年左右，这一说法才逐渐流传开来。这就引起了雪佛对莫扎特死因的怀疑。前西德一位著名内科医生用现代医学技术观点，分析了莫扎特死亡的症状，认为他是死于氯化汞慢性中毒。但由于莫扎特墓地至今无法确认，这也只能是个猜想。

凡·高到底因何自杀？

凡·高是荷兰后期印象派大家，具有"现代艺术之父"的称号。有艺术家评论，凡·高的画风对后来的野兽派、表现派都有极大的影响，他的艺术成就比马奈和塞尚对后继者有更大的作用。他一生共创作了 850 多幅油画和几乎同样数量的素描，他还留下了大批洋溢着情感的书简。在 1987 年 3 月 3 日伦敦克里斯名画拍卖中，凡·高的作品《鸢尾花》和《向日葵》分别以 5 330 万美元和 3 985 万美元拍出，高居排行榜榜首。1990 年 5 月 15 日，在纽约的一次拍卖会上，凡·高临终完成的《加歇医生的画像》更是以 8 250 万美元的天价，创下了名画拍卖史上的最高纪录。

凡·高自画像

然而，就是这位现在被公认为是"欧洲最杰出的艺术家"的凡·高，生前却一直默默无闻，一生坎坷。1890 年，正当 37 岁的他在艺术达到顶峰之时，他用手枪结束了自己"一条具有无法预测深远意义的生命"。

对于凡·高的悲惨命运和自杀动机，人们早就表现出了极大的关注。一个多世纪以来，有关凡·高的生平传记、绘画作品、通信书简也陆续问世，但是不少人认为，这些出版物都缺乏真伪考辨和说服力。近些年来，国际上也掀起了对凡·高死因的探寻热潮，使对凡·高死因的探讨成为一个国际性的问题。但迄今为止，囿于资料和确切的证据，无论是艺术界还是医学界抑或是化学界，都只能各持一说，还无法达成一致的定论。

关于凡·高之死主要有以下几种观点。

第一种看法认为，凡·高死于“精神病”。这种说法也是当前绝大多数凡·高研究人士所持的主要看法。这一说法的有力证据，就是凡·高的弟媳约翰娜于1914年公开出版的凡·高写给其弟的部分信件。这些直接的证据告诉我们，凡·高是一个病魔缠身的艺术殉道者。

凡·高生前由于贫困，生活条件恶劣，然而这并没有遏抑他对艺术近乎狂热的追求。长此以往，凡·高的健康受到了严重的损害，而且他还时常受到各种幻觉和噩梦的困扰，再加上萦绕心头的忧愁和郁闷，最终他患上了精神病。

但这一说法并非无懈可击。首先，这些公开的部分信件本身并不能全面地说明问题，如德国新闻周刊《明镜》就提出了异议：凡·高自杀数月前所作的一幅《自画像》，逼真地勾勒出一个目光呆滞、可怖的疯人形象。该画运用节奏颤动的线条，层次分明地表现了所画主题。文章认为，这幅画绝非出自一个精神病人之手。文章还指出，凡·高自杀前约半年的时间里神志清醒，并没有犯过精神病。由此可见，凡·高因精神病发作而自杀的说法，没有压倒性优势的说服力。

第二种观点认为，凡·高死于难以忍受的孤独。凡·高自11岁便被送到外地的寄宿学校学习，也许从那时起，他就有了一种被遗弃的感觉。在学校里因为他的独来独往，同学们对他避而远之，这导致日后凡·高不能友好地与他人相处，包括其家人在内。最后，他在孤独中决定结束自己的宝贵生命。

第三种观点认为，凡·高死亡的根本缘由在于经济和社会原因。凡·高出身于穷苦的牧人家庭，一生颠沛流离、穷困潦倒。尤其在最后10年中，他只能依靠他的弟弟泰奥的接济度日。而就是这样，凡·高还是先把仅有的一点钱财首先用于艺术创作。他没有多余的钱聘请模特，就经常在镜子面前作自画像，因此他作品中自画像之多，在艺术界罕见。而更让他辛酸的是，虽然他具有绘画艺术的天赋，而且创作极多，但在生前只有《红色的葡萄园》一幅被卖掉。这就意味着他作品并没有为世人理解和接受，对于一个画家来讲这是最痛苦不过的事情。冷酷无情的现实，使这个异常敏感的画家内心时时充满了矛盾和压抑。正因为如此，凡·高才毅然决定离开这个让他极度失意的世界。

另外还有其他种种说法。如有人认为凡·高自杀是因嗜饮艾酒成癖所致。这种观点认为，在巴黎与弟弟住在一起时，凡·高经常到咖啡馆或俱乐部中饮这种含有岩柏酮有害物质的饮料。在最后18个月中，凡·高出现了胃痛、便秘、精神恍惚、幻觉等病症，皆为长期饮用艾酒所致。还有人认为，凡·高自杀是由于他染上了梅毒症，以致最后导致精神崩溃。凡·高家族的后裔们对此表示强烈反对，说这是对伟大画家的恶意诽谤。更有甚者，一些人从心理角度着手，认为凡·高自杀是由于强烈的“恋母情结”；也有人认为凡·高自杀根源在于他与画家高更关系破裂，等等。

种种说法，让我们难以辨别，谁是谁非，只有待以日后的科学考证。

海明威选择自杀是受父亲的影响吗？

海明威是20世纪美国最伟大的小说家之一，1954年诺贝尔文学奖得主。辉煌的文学成就，富有传奇色彩的个人生活经历，尤其是他自己选择的惨烈死亡方式，使他成为一个挥不去的话题。

1961年7月2日清晨大约7点左右，海明威的妻子玛丽突然被“两声用力关抽屉似的声音”惊醒了。她迷迷糊糊地下了楼，眼前的可怕场景一

海明威

下子使她清醒过来：只见海明威血肉模糊地躺在地上，半个脑袋被炸飞了，只剩下下巴、嘴和两颊的下半部。天花板上、墙上和地上更溅满了他的头发、牙齿、碎骨和模糊的血肉。在他身边，除了一件皱巴巴的浴衣以外，还有一把沾满肉泥的双筒猎枪。当地警方根据现场勘测得出结论：海明威是自杀身亡。很显然，他自己把猎枪枪头塞进嘴巴，然后扣动扳机；威力巨大的枪弹将他的半个头颅轰碎。

根据玛丽当时的说法，海明威根本不是自杀，他是在擦枪时因走火而不幸把自己打死的。虽然人们大多理解海明威妻子当时的心情，可并没有多少人认可这种牵强的解释。海明威

确系自杀身亡。剩下的问题是：海明威为什么要自杀？他为什么要用这种惨不忍睹的方式来结束自己的生命？

为搞清其中原委，许多人展开了调查。由此，五花八门的猜测纷纷出炉。其中有一种较为引人注目的看法是：海明威的自杀主要出于个人心理原因。

提出这一观点的人指出，海明威在幼年时候曾被母亲扮作女孩来教育，而他长大后对这种做法十分厌恶；为了证明自己是个男子汉，他就在许多作品中都塑造出“硬汉”形象；而为了欣赏男子汉死亡的悲剧美，他选择了惨烈的自杀。

很多人并不赞同这一观点。因为他们发现海明威的父亲当年（1928年）也死于自杀。更为凑巧的是，海明威自杀时所用的猎枪，正是当年他父亲自杀时所用的那一把，其自杀的方式也与他父亲相同。由此他们认为：海明威的自杀可能很大程度上受到了他父亲的影响。

为了证实这种猜测，他们就到处去查找资料，结果发现海明威在看到父亲受病痛的折磨时曾说过：“我要是那样，我就要人把我杀了；要不就自己干。”同时，海明威在他30年代的小传里也提到：“自杀，就像运动一样，是对紧张而艰苦的写作生活的一种逃避。”海明威的这些话，似乎支持了他们的看法。于是人们又倾向于认为：肉体上的痛苦和创作力的衰竭，迫使海明威举枪自杀。

知夫莫如妻。后来玛丽接受了痛苦的现实，多少客观地道出事情的原委：海明威自杀确实受到父亲影响。当年父亲的自杀，给年轻的海明威心头蒙上巨大的阴影。为了摆脱父亲自杀的阴影，海明威一直努力地抗拒死亡。可是他越不想死，自杀的念头就越缠着他：有时，他会在心中勾画出富有诗意的自杀方式——从夜航的轮船上走出，投身茫茫大海；有时，他的诗意则荡然无存，转而认为自杀最有效的做法是把枪伸进嘴巴里。但随着自杀的欲望越强烈，求生的欲望也不断增强；海明威内心深处长期被这种矛盾及其带来的痛苦所煎熬，以致到了50年代后，他那强烈的自杀欲望逼得他不得不拼命“寻找”反抗自杀冲动的依据。最终，他控制不了自己崩溃的情绪，走上了绝路。

一些人虽然也认为海明威的自杀与他的父亲有关，但却不同意他自杀仅仅或者主要是效仿父亲解脱痛苦。因为海明威曾明确诅咒过他父亲的自杀行为，称父亲是个懦夫；另外，他在作品中塑造“硬汉”形象，实际上反映了他“相信自己永远不会死”的信念。所以海明威自杀与其父“形同实异”。

直到今天，我们还不能确定海明威惨烈自杀的真实原因，或许真是他双重性格所致，谜一样的归去，谜一样的海明威。

柴可夫斯基死于疾病还是自杀?

俄国著名音乐大师柴可夫斯基于1893年11月6日凌晨突然死亡，结束了他那瑰丽的一生。这一年，音乐家的个人声誉急剧提高，事业也达到了辉煌的阶段，他的溘然长逝使人们对他的死因充满了好奇。11月18日，柴可夫斯基创作的《第六交响乐》（“悲怆”）第二次公演，取得了巨大的成功。乐曲自始至终的悲剧性的形象和气氛，给人们留下了美好而又深刻的印象。然而，也正是由于作品流露出的这种悲哀痛苦的情绪，使得人们更加关注柴可夫斯基的死因。他的死好像“预言”，于是，柴可夫斯基“自杀”立即传为奇闻。但是，事实究竟如何呢？他创作《第六交响乐》，原意是想献给自己的外甥费拉奇米·达维多夫的。不料命运之神却跟他开了一个大玩笑：这支交响乐的演出竟与他的死紧密相连，并成为他的死因之谜。及至后来，有人发现一份所谓柴可夫斯基写的“秘密标题”的草稿，上面写着：这部交响乐的计划的最终本质是生活。第一部分：全是冲动的热情、信心和渴望活动，必须短；第二部分：爱；第三部分：失望；第四部分：以死亡为终结（也要短）。于是，他们又以此为据，证明柴可夫斯基死于“自杀”是毫无疑问的。

音乐巨匠柴可夫斯基

但是，另有一些人认为，虽然柴可夫斯基确实试图自杀，而且他的《第六交响乐》的主题，也是悲剧性的，然而，《第六交响乐》却绝不是作者为自己“自杀”所写的“挽歌”。因为，1893年这一年，是作者获得极高荣誉的一年，人们怎么也找不出他自杀的理由。5月29日，他到伦敦参加英国剑桥大学音乐社成立50周年纪念大庆。皇家好乐音乐会6月1日又演奏了他的《第四交响乐》，使他获得了国际声誉。6月13日，英国剑桥大学授予他音乐名誉教授。可以说正是这种荣誉带来的喜悦的冲动，才激励着他创作《第六交响乐》，正如他所说，他要在新交响乐中“充分表达这种心情”。由此可见，作者在创作过程中并不存在“自杀”的动因。至于“秘密标题”的草稿，也根本不符合创作的实际情况，因为《第六交响乐》完稿和第一次公演，都是没有标题的。而且当一位朋友建议把它改为“标题交响乐”时，柴可夫斯基曾经一口回绝，并反驳说：“既然我不打算提出标题，为什么要叫做‘标题交响乐’呢?”甚至他在总谱上写下了“悲怆”的第二天就又改变了主意，立即写信给杰金逊，要求以“作品第6号”发表这部交响乐。这样看来，“秘密标题”草稿，显然是经过了某种程度的篡改，歪曲了作者的原意。

其实，柴可夫斯基应该是死于急病。11月1日傍晚他与朋友共进晚餐，并酗酒直至凌晨2时，次日早晨，他开始失眠，消化不良。午后，喝了一杯生水，从此就一病不起，终于在11月6日不幸逝去。根据彼得堡最优秀医生中的两位佼佼者——勃廷逊兄弟的诊断，柴可夫斯基确实是死于霍乱。

苏联诗人叶赛宁是自缢而死吗?

苏联著名诗人谢尔盖·叶赛宁才华横溢，诗作极受人们的称赞。就是这样一位诗人却在创作的巅峰状态以自缢结束了自己年仅30岁的生命。举世震惊，苏联诗坛从此也少了一位出色的诗人。到底是什么原因，促使诗人最后走上了自我毁灭的绝路？他是出于什么动机自杀的呢？

谢尔盖·叶赛宁

一种观点认为：叶赛宁在爱情上的失败是导致他自杀的决定性原因。的确，诗人的爱情生活非常不幸。1921年11月7日，诗人和美国著名舞蹈家邓肯一见钟情，其后迅速陷入热恋之中，两人很快便开始同居。1922年5月10日，二人在办理完结婚登记后，便踏上了去欧美的旅途，开始了他们正式的“蜜月旅行”。正是这次旅行显示出来的各方面的巨大差异，使两人的爱情和婚姻面临着严重危机。出身、年龄、教育、性格方面的差异，尤其是俩人在性格上明显缺乏和谐一致，加上还有一个很严重的语言障碍存在于二人之间，这一切使得他们不能很好地沟通和交流，所以说分手是不可避免的。随后，诗人重新回到旧情人别尼斯拉夫斯卡娅身边，这位善良而多情的姑娘原谅了诗人。但是，非常遗憾的是多情的诗人很快又跌入了另一纷乱的爱情旋涡，促使他在自己的悲剧中又向前走了一步。1925年3月，诗人遇见了美丽的安德列夫娜，又一次陷进了爱情的狂热之中，9月，俩人正式结婚，令诗人大失所望的是，二人婚后生活并不像原来设想的那样美满。安德列夫娜虽然出身名门，天资聪明，但她缺乏同诗人相匹配的艺术见解和才识，更没有别尼斯拉夫斯卡娅的那种温情。这时，诗人后悔有愧于别尼斯拉夫斯卡娅。但是，他再也没有勇气回到她的身旁，以取得她的宽恕，在这种万般痛苦的情况下，敏感的诗人终于走上了绝路，他要用死来报答心目中真正的情人。由此，可以说叶赛宁是“殉情”而死的。

另一种观点认为：叶赛宁实际上是患精神抑郁症而自杀的。前苏联的官方在诗人死后发布的讣告曾说过：叶赛宁是由于精神忧郁、心理平衡失调，于绝望中自缢而死的。有史料记载：随着心境失调，叶赛宁的性格越来越暴躁，到后来竟经常莫名其妙地发火，显得喜怒无常。经医院检查，医生认为他已患有严重的精神抑郁症。而且，从叶赛宁的诗歌创作实践来看，他后期的创作反映了他极度颓唐的心绪。还有一些人认为他因十月革命打破了他个人主义的幻想，从而选择了“自杀”的道路。其实，叶赛宁的自杀可以说是他忧郁性格的必然产物。

无论是爱情悲剧说还是精神抑郁症说，两者都承认叶赛宁的自杀。但是，有人对传统的说法大胆地提出了挑战，其中最有代表性的是叶甫盖尼·切尔诺斯维托夫先生。他认为叶赛宁的“自杀”结论值得怀疑。

切尔诺斯维托夫说在诗人死亡后的照片上可以清楚地看到死者的额头和鼻梁上有一块很大的凹痕，这明显是被钝击所致。另外，从照片上还可以看出一条横向抓痕，这与自缢的情况不符。这说明，诗人实际上是被来自身后的绳索勒死的。

叶赛宁到底因何而死？如果是他杀，那又死于何人之手？动机是什么？这些疑团悬在人们心头，但愿能找到这位英年早逝的诗人的死因，以解心头之惑。

安徒生是私生子吗?

在丹麦首都哥本哈根人民公园的海边，有一尊美丽的人身鱼尾雕像。她面对浩瀚的大海，似乎渴望回到母亲的怀抱。她就是安徒生著名童话故事《海的女儿》主人公——举世闻名的“美人鱼”公主。每当人们看到她，很自然也就想起汉斯·克里斯蒂安·安徒生。

童话大王安徒生

1805年4月2日，安徒生出生于丹麦富恩岛上欧登塞城中一间低矮破旧的平房中。他的父亲汉斯·安徒生是一个迫于生计、整日奔波的鞋匠，他的母亲玛利娅是一位虔诚的基督教徒，一个勤苦的洗衣工。

安徒生从小便对大自然充满了热爱，这也使得他在后来酷爱旅行。14岁时，他便只身离开家乡，来到了喧闹的哥本哈根寻找自己的理想。从此，他凭着坚强的毅力在艰难和困苦中与命运抗争。他梦想当演员、歌唱家、舞蹈家，并为此尝尽了人生的酸甜苦辣。但这些理想都像肥皂泡那样在无情的现实生活中破灭了。最终他选择了文学，他要在作品中为孩子们创造幸福和快乐。在许多人的不解和嘲笑声中，他埋头写作。

1833年春，安徒生从丹麦国王那里得到了一笔津贴，开始了他一生中很重要的漫游。除俄国、芬兰和荷兰外，他的足迹遍及欧洲各国。旅行开阔了他的视野，并为他的创作提供了丰富的素材，《旅行剪影》、《即兴诗人》等都是他旅行中的产物。

安徒生一辈子写下了无数美丽动人的童话故事，然而关于他个人的身世，却有不同的看法。1990年，在安徒生的故乡欧塞登大学，几百名学者举行了听证会，共同探讨这位童话大师的身世。历史学家延斯·约根森还专门写了《安徒生——一个真正的童话》，文中称安徒生出身于贵族家庭，他是丹麦国王克里斯蒂安八世和劳尔维格伯爵夫人的私生子。在他出生后，王室为了避人耳目便把他送到欧塞登一个鞋匠家中喂养。

另外，还有一位丹麦作家也得出了相似的结论，而且他还提供了一份比较有力的旁证。据说一位海军上将的女儿亨丽艾特·吴尔夫在 1848 年写给安徒生的信中曾提到过，安徒生也曾发现自己是一位“王子”。据此有人认为，若非与王室有着密切的关系，安徒生不可能在 1833 年轻易得到国王的津贴；以他当时的出身和社会地位，能结交名流、往来于上层社会，必有某种神秘的“背景”。

但是这种说法也缺乏确凿的材料。就在这次听证会上，许多人就提出了这样的疑问；为什么安徒生在其自传《我一生的童话》中对此只字未提，或暗示一下呢？更有的学者专门查出 180 多年前安徒生教堂户口登记册的复印件，上面清楚地记有：(1805 年) 4 月 2 日星期二凌晨一时，鞋匠汉斯·安徒生与其妻子安娜·安德斯达特得一贵子。

为了搞清这位世界著名大作家的身世，丹麦著名历史学家塔格·卡尔斯泰德曾被允许查阅大量的克里斯蒂安八世的档案，其中包括这位国王的大量信件和日记。但是他并没有发现关于此事的记载。不过，根据档案表明，当时的国王和贵族与一般平民妇女偷情的问题是存在的，而且一般也都会有小孩的降生。这种情况发生后国王会将孩子送交给有关的妇女，并且寄钱给他们直至孩子长大成人。根据档案记载，有一位国王还为这样的孩子之一福雷德里克·里德安排工作，让他掌管王室的狩猎活动。但是卡尔斯泰德并未在档案卷宗中发现有关安徒生的材料，也没有找到有关他母亲安德斯达特的材料。

因此，安徒生是王子的说法尚无有力的根据。或许有人真的希望安徒生的身世是一个完美的童话。不过这一点并不重要，人们看重的是安徒生在童话故事中塑造了许许多多善良美丽的形象，表明自己对美好世界的憧憬、渴望。

战争迷雾

ZHAN ZHENG MI WU

特洛伊战争真假难辨

一场战争引出了两大史诗，从而成为西方文学的源头，这场战争就是特洛伊战争，而两大史诗就是荷马的《伊利亚特》与《奥德赛》，那么，这场战争真的存在吗？

在那样一个人神界限特别模糊、人类很像神灵而神灵身上又表现出太多人性的时代，特洛伊成为这一时代人神之中最伟大者交锋的场所。很多事情发生在这儿，特洛伊国王普里阿摩斯的儿子帕里斯，把世界上最美的女人海伦从希腊带到这里；希腊国王阿伽门农为了夺回海伦，率领他的军队来到这里；后来，在这个战场上，希腊最伟大的战士阿喀琉斯，杀死了帕里斯的哥哥赫克托耳。在荷马史诗《伊利亚特》的最后一幕，特洛伊国王普里阿摩斯与阿喀琉斯谈判请求归还他儿子的尸体并停战。

在史诗《奥德赛》中，故事并没有到此结束。帕里斯为他哥哥报仇，给了阿喀琉斯的脚踵致命的一击，杀死了这位希腊伟大的勇士。而希腊人则通过“木马计”，潜入特洛伊城内并最终摧毁了它。此后特洛伊的黄金时代也就结束了。

史上很多人认为这是历史事实，并真正发生在希沙立克。但是，自从18世纪开始，学者们对此提出了质疑。许多人怀疑特洛伊曾经发生过战争，甚至更有一些人怀疑荷马的存在，至少怀疑荷马作为一个单独的个人而非一系列诗人的存在。

到了19世纪下半叶，只有极少数学者相信荷马史诗是对历史上的真实事件的记录，而相信特洛伊——假如它真的存在过的话——就在希沙立克的人则更少。然而还是有人相信特洛伊的存在，这其中包括业余考古学家弗兰克·卡尔弗特——美国驻这一地区的领事。19 世纪 60 年代中期，卡尔弗特与其合作者德国富翁海因里希·谢里曼对希沙立克进行了发掘，发现了古典时期的神殿和一些高大的建筑物。后来，曾做过谢里曼助手的威廉·德普费尔德继续进行他未竟的事业。德普费尔德发现了更多的大房屋、一座瞭望塔、300 码长的城墙。

德普费尔德的看法一直流行，直到 40 年后，一支美国探险队在卡尔·布利根的带领下来到希沙立克。布利根认为，特洛伊的覆灭，绝对不可能是希腊人的入侵造成的。因为城墙的一部分地基发生了移动，而其他部分则似乎彻底坍塌了。他认为这种破坏不可能是人为的，可能是一场地震导致如此。

如此看来，究竟是特洛伊战争成就了荷马史诗，还是荷马史诗成就了特洛伊战争，特洛伊战争究竟是真是假，这一切都湮没在漫漫的历史长河之中了。

波斯王居鲁士是战死疆场的吗?

古代波斯阿黑门尼德王朝的开创者——居鲁士一生建立下了丰功伟业，他曾和波斯人抵抗米底贵族的统治，不但把米底王国推翻，而且征服了中亚和西亚广大地区，为世界上第一个地跨非、亚、欧三洲的大帝国——波斯帝国的建立打下了坚实的基础。这位生前战功赫赫、无人不知的英雄究竟是如何死去的，却一直是个难解之谜。

居鲁士画像

有人认为居鲁士是战死在疆场上的，古代希腊历史学家希罗多德曾记述道：在攻占巴比伦之后，居鲁士转而进军西北，以图把中亚的游牧民族降服。他带领军队渡过阿拉克斯水，同马萨革泰部落展开激战。最初波斯人取得胜利，马萨革泰女王托米丽斯的儿子被抓后自杀身亡。但是马萨革泰人“是一个英勇善战的民族”，托米丽斯把自己所有的军队集合起来，诱敌深入，打败了波斯军。希罗多德称，这是“蛮人”——非希腊人所打过的“最激烈的一次战争”，大部分波斯军士战死，居鲁士本人也在疆场上战死。

除上述这一说法之外，古代还有别的一些关于居鲁士之死的不同说法。

一种说法也认为居鲁士的确是死在战场上，但作战方并不是马萨革泰人，马萨革泰女王把居鲁士的头颅浸在血中一事更是无稽之谈。依据巴比伦僧侣贝洛苏斯有关巴比伦的历史著作，居鲁士是在与斯基芬人达赫部落作战时战死的。希腊作家克捷西的《波斯志》则以为，居鲁士最后一次战斗的对象是印度边境上的德比克人。克捷西指出，德比克人的国王阿摩拉欧斯与印度人结成盟友，其军中有大象；印度人支持德比克人。在这次战斗中，居鲁士的肝脏被一位印度人用矛刺中了，3 天之后，他便因此致命的创伤死在波斯军营中。斯基芬人阿谬尔吉部落，当时则与波斯人同一阵线，闻讯后，其国王阿摩尔格率领 2 万骑兵赶来支援。经过一番激战，最后波斯人打败了德比克人。

另一种说法认为居鲁士根本不是战死的。在《居鲁士的教育》一书中，色诺芬曾写道：在首都自己的家里，居鲁士“寿终正寝”。

此外，根据一古典作家记载，居鲁士曾经被葬在阿黑门尼德王朝的最早的都城帕萨尔加德内。克捷西也说过，居鲁士的儿子冈比西斯曾派大臣巴卡帕特把居鲁士的尸体护送回波斯埋葬。这与希罗多德的说法也有出入。

真是你说你的，他说他的，而且都“言出有据”，究竟这位生前立下丰功伟绩的波斯王是战死疆场还是“寿终正寝”呢？看来这个问题只能成为未解之谜来为这位英雄更增添几分神秘的色彩了。

斯巴达克南下之谜

公元前 73 年，伟大的斯巴达克领导了反对罗马奴隶主统治的大规模奴隶起义，这次起义是世界古代史上最为波澜壮阔的奴隶起义，起义曾经席卷整个意大利半岛。

斯巴达克是色雷斯人，在罗马征服色雷斯的战争中被俘，并沦为卡普亚角斗士训练学校的角斗奴。斯巴达克对于奴隶被迫自相残杀供达官贵人从中取乐的角斗士命运深恶痛绝，密谋于公元前 73 年夏初暴动。由于叛徒告密，不得不提前发动起义，他带领 70 余名角斗奴隶逃往维苏威火山，树起义旗。逃亡奴隶和破产农民纷纷响应，起义风起云涌，使罗马奴隶主统治阶级万分害怕。

元老院派出执政官克劳狄乌斯率军 3 000 人前往围剿，官军切断了义军通往山下的惟一通道，把义军团团包围起来，企图困死。但斯巴达克足智多谋，他利用夜色掩护带领起义军顺着用葡萄藤编成的软梯滑下悬崖，迂回到罗马军营后面，趁机发起进攻。罗马官军措手不及，被打得大败，克劳狄乌斯只身狼狈逃走。

当斯巴达克起义军接连粉碎克劳狄乌斯和瓦利尼乌斯的围剿后，斯巴达克曾拟订了一个北上计划：全军向阿尔卑斯山前进，越过高山，北上出境，返回故土。一部分人回色雷斯，一部分人回高卢。为什么要回色雷斯呢？因为斯巴达克是色雷斯人，他想返回故土，重获自由，这也是人之常情。但斯巴达克刚一提出这个计划，就遭到副将克里克苏的坚决反对，克里克苏率领 2 万人愤然出走，不幸被官军消灭。斯巴达克率军继续北上，挫败楞图鲁斯和盖利乌斯的前堵后追，一直打到阿尔卑斯山脚下的穆提那城。但此时，斯巴达克突然放弃北上计划，率领全军调头南下。

公元前 71 年春，起义军与官军最后决战的时刻来临了。双方在阿普里亚境内展开激战。斯巴达克英勇战死，6 万名部下牺牲，被俘的起义军被钉死在从卡普亚到罗马大道两边的十字架上。

起义虽然失败了，但确实给了罗马奴隶主统治者以沉重打击。2 000 多年来，起义也留给人们不少疑问：比如，斯巴达克曾一度制订北上出境计划，如果这个计划认真施行，他们离开罗马返回色雷斯，结果会如何呢？那么他究竟为什么放弃了北上计划？

当斯巴达克最初制订北上计划时，起义军内部发生严重分裂：副将克里克苏率 2 万人出走，结果很快被官军消灭。起义军内部的第二次分裂也是在斯巴达克提出渡海去希腊的时候，牧民出身的康格尼斯坚决反对撤出意大利半岛，带领 1.2 万人离开队伍，被克拉苏消灭。

看来，在去与留的问题上，起义军内部始终存在较大争议。这与起义军来源有关：斯巴达克等人是来自色雷斯的角斗士，乡土意识很强，希望回归故土色雷斯。而有些起义军过去是罗马破产农民，不愿意离开罗马。这种强烈的本土意识使他们在大敌当前时不能真正认识到危险，从而同仇敌忾。那么斯巴达克在打到阿尔卑斯山脚下的穆提那城后，为什么又改变北上出境计划而调头南下了呢？

研究者认为，是客观形势的变化促成了斯巴达克计划的改变。起义之初，敌强我弱，斯巴达克感到罗马官军很难对付，罗马不宜久留，所以他拟订北上计划，先向敌人力量薄弱的北部地区发展，争取早点翻越阿尔卑斯山返回故土。但北上途中的节节胜利，特别是起义军接连挫败罗马执政官克劳狄乌斯、名将楞图鲁斯和盖利乌斯的围剿之后，声势大振，敌我力量对比发生了一点变化。起义军转而变得自信起来，认为可以留在罗马“一搏”。

第二种意见认为：阿尔卑斯山的恶劣条件阻止了起义军北上翻越山岭的打算。他们指出，阿尔卑斯山是欧洲最高的山峰，平均海拔 3 000 米左右，许多山峰终年积雪，山上气候变幻莫测。12 万起义将士到达阿尔卑斯山脚下时，身着单衣，再加上起义军给养不足，只好望山兴叹放弃北上计划。

还有的学者认为，斯巴达克之所以改变原计划，主要是因为缺乏意大利北部农民的支持。公元前 1 世纪的意大利北部与中部、南部的发展情况不一样。北部的奴隶制经济发展较为缓慢，小农经济仍然比较稳定。小农安于现状的特点使他们不愿冒支持起义军的风险，虽然他们在感情上有可能是同情起义军的。没有北方农民的物质支持，斯巴达克起义军是很难北上出境的。

究竟是单因素还是多因素，单因素中又是哪一个因素？这个谜的最后解开还依赖于史料的进一步发掘。

古罗马大军的保健秘诀

古罗马凭借军团的强大武力控制着欧洲广大地区。不过这支能征善战的大军终究不是钢铁，损伤不可避免，那么在 1 000 多年前，古罗马的医学水平如何？军队又采取了哪些保健措施呢？

在罗马共和国初期，每支军队中似乎没有什么医药治疗，既没有军医，更没有今天红十字会之类的组织。可是等到罗马将整个意大利半岛掌握在自己手中，军队开赴外地，接触了文化较先进的希腊人后，罗马人从希腊人那里学到了希腊人的医药方法以及其他行为准则。罗马于公元前 2 世纪将马其顿打败以后，希腊医生开始随罗马军队出征。虽然依照现代标准来说，他们的医术还十分落后，但已制造出比较精良的外科用具和一些很有用的药物；他们还知道充分休息调养对伤者、体力过分耗损的人或发热病者的复原，有非常重要的作用。后来罗马的疆域不断扩展，在希腊人的教导下，罗马帝国开始在各地设立一些医院，以便为全帝国的军人治病疗伤。罗马皇帝奥古斯都当政期间（公元前 27 年—公元 14 年），一个曾在后来登上了罗马帝国皇帝宝座的提庇留麾下、随大军北伐的军官给后代留下的一篇记录，对他在这种制度下获得的种种好处进行了描述：

“我们军队的成员不论官阶高低，只要病倒了，都能获得提庇留的照顾和关怀。虽然他要办的重要事情十分多，但是他把照顾我们（伤病士兵或军官）看得更为重要。有大马车供所有需要乘车的人乘坐。我们甚至可以使用提庇留自己的舆马，我自己就碰巧使用过。”

罗马人也非常重视预防医学。在士兵因疟疾和痢疾一类疾病而死伤众多的时候，罗马人总是特别小心地将兵营设在清洁的地方，尽可能远离滋生疟蚊的沼泽，只要不必花太多的工夫取水就可以了。罗马人当时对细菌还一无所知，可是凭经验感觉到环境清洁与空气清新有很大的作用。早在公元前1世纪，瓦尔罗这位博学深思的作家就猜想到宇宙内存在着肉眼看不见的微小的动物，它们飘浮在空气之中，通过口鼻进入人体，导致疾病。公元4世纪的作家维基提亚士，则非常重视仔细选择营地。他还说见多识广的人都知道，每日锻炼身体，十分有益于士兵的健康，比医生有更大的作用。

保持环境卫生，使病菌无从传播的间接保健方法，也许收获最大。毫无疑问，罗马人凭借他们优越的工程学上的才能，防止了不少瘟疫。因为他们使用水管将污水排到外面，把清洁的水引进室内，无论在城市中还是营房都这样认真。

古罗马军队的医疗保健水平在当时无疑是先进的，形成了从预防到治疗再到日常护理的完整体系，但始终没有形成系统的理论，是碍于当时的科技水平还是在漫长的历史岁月中已流失？看来要证明古罗马军队的保健方法有无理论指导，需要进一步调查取证，才能给世人一个信服的答案。

古罗马远征安息的大军流落何处

在现实生活中，一个人的神秘失踪已经让人惊奇不已了，6 000余人一起神秘失踪的事情就更让人觉得是天方夜谭了，然而，这样的事确确实实地发生了。

公元前53年，古罗马“三巨头”之一的克拉苏率军远征安息（今伊朗），出师不利，兵败卡雷城，克拉苏本人被杀。他儿子率领的第一军团6 000余人拼死突围成功。但突围之后却杳无音信，罗马人几番寻找也得不到他们的影踪，他们去了哪里？2 000多年来留给人们一个难解之谜。

据《汉书·陈汤传》记载，公元前36年，北匈奴郅支单于政占乌孙、大宛，威胁我国西域地区。汉武帝派都护甘延寿和都护副校尉陈汤出兵至康居，剿灭郅支单于。汉军在康居见到一支奇特的军队，“土城外有重木城”拱卫，“步兵百余人，夹门鱼鳞阵，讲习用兵”。西汉军队把这支军队降服后，又将俘虏的士兵全部收编。后来，西汉政府又在祁连山下设立骊县安顿了这批俘虏的士兵。

经过研究后，历史学家认为，只有古罗马军队采用构筑“重木城”防御工事和用圆形盾牌连成鱼鳞形状的防御阵式。所以这支军队可能就是卡雷战役中突围而出的普布利乌斯领导的罗马第一军团的残部。

澳大利亚专家戴维·哈里斯也对此进行了深入分析，推断这支奇特军队就是克拉苏东征部队的残部。当年他们从帕提亚的卡雷突围之后，辗转各地。后来又突破安息东部防线，进入中亚，被郅支单于收编为雇佣军。在公元前 36 年西汉与郅支之战中被陈汤收降，带回中国。他还根据材料推断，骊城旧址就在甘肃省永昌县境内。

另外，中国、澳大利亚和苏联的一些史学家也对此进行深入研究，他们找到一张公元前 9 年绘制的地图，根据地图指示，确认骊县就是现在的焦家庄乡者来寨。

但是也有一些持不同意见的人否定戴维·哈里斯的推断。他们说，“重木城”和“鱼鳞阵”并非是完全属于罗马人的军事艺术。在中国，编木或夯土为城古已有之，外城为郭、内城为城是中国古代通制。而且，《左传》中记载，中国古代也曾使用“鱼鳞阵”，当时其正式名称叫“鱼丽阵”。

因为在对骊古城遗址发掘过程中没有取得什么有价值的成果，所以人们推断骊古城可能早已深埋地下，成为城下之城。

还有一些学者认为，即使当初罗马人的确曾到过此地，经过与当地居民2 000年的通婚、融合，面貌恐怕早已大大改变，不再具有当初的特征。

另外也有人认为，这个地区外来人口一直比较复杂，很难依据现在那些地区存在酷似欧洲人的居民这一事实判定罗马人后裔生活在这里。

俗话说：“人过留名，雁过留声。”这一群 6 000 人的军队却无声无息地失踪了，他们到底去了哪里呢？看来只有当事人自己知道了。

西班牙“无敌舰队”覆灭之谜

西班牙“无敌舰队”曾经横行海域，所向无敌，故得此名，但因何惨遭覆灭，这里面有什么秘密吗？

为了争夺海洋霸权，西班牙和英国于 1588 年 8 月在英吉利海峡进行了一场举世瞩目、激烈壮观的大海战。这次海战，西班牙实力强大，武器先进，战船威力巨大，且兵力达 3 万余人，号称为“最幸运的无敌舰队”。而当时英国军队规模不大，整个舰队的作战人员也只有9 000人。两军相比，众寡悬殊，西班牙明显占据绝对优势。但是，出人意料的是这场海战的结局竟以西班牙惨遭毁灭性的失败而告终，“无敌舰队”几乎全军覆没。从此以后西班牙急剧衰落，海上“霸主”的地位被英国取而代之。

为什么强大的“无敌舰队”竟然在对手面前不堪一击，一战而负呢？

大致有三种意见。

一是基础说。西班牙的强盛，只是表面上的暂时的虚假繁荣。西班牙国王腓力二世加强专治统治，搜刮民财，连年征战，专横残忍，挥霍无度，激起了广大人民的愤恨，国内危机四伏。这次战争根本是不得民心的。

二是指挥失当说。另有学者认为，“无敌舰队”的惨败是由于国王用人不当造成的。1588年4月25日，国王在里斯本大教堂举行授旗仪式，任命大贵族西顿尼亚公爵为舰队总司令，率领舰队远征。西顿尼亚出身于名门望族，在贵族中有较高威望，深得国王信赖，所以被任命为舰队统帅。他本来是一名陆将，根本不懂海战，指挥庞大的舰队在海上作战毫无经验，而且晕船。对这项任命他始料不及，根本没有任何思想准备和信心指挥这场战争。他也曾要求腓力二世另请高明，但未被获准。试想，这样的大将指挥海战，哪有不败之理!

三是天灾说。这种说法认为“无敌舰队”遇上了天灾，而不是人祸。它首先遇到的对手，是非常可怕而又无法战胜的大西洋的狂风巨浪。这是进军时机选择不当造成的。在“无敌舰队”起航不久即遇到大西洋风暴的袭击。“无敌舰队”许多船只被毁坏，淡水从仓促制成的木桶中漏出，食物大量腐烂变质，水手们疲惫不堪，大多数步兵也因为晕船而失去战斗力。“无敌舰队”还没有与英国交战先折兵，战斗力大大受到削弱。不得已，西顿尼亚带着这样一支失去战斗力的舰队与英军开战，从而导致厄运的发生。回国时，在苏格兰北部海域，再次遇到大风暴，一些舰船又被海浪吞噬或触礁沉没。至此，“无敌舰队”几乎已全军覆没。

“无敌舰队”就这样以多负少，惨遭灭亡，其中的原因令人深思，让人费解。

拿破仑在滑铁卢惨败另有原因吗?

拿破仑能够创造神话，其本身即是一个神奇的创造。1815年3月20晚上9点钟，令人难以置信的是，“大势已去”的拿破仑居然不费一枪一弹，在短短19天之内从地中海到巴黎，赶走了波旁王朝，再度称帝。

但拿破仑比谁都更清楚地知道，他马上就要面临着一场严酷的战争，欧洲对他这一次的突然出现一定会想尽一切办法进行打击。

6月14日，拿破仑入侵比利时，战争开始。

6月17日傍晚，拿破仑带领军队向高地进发，与英军相遇。

6月18日清晨拿破仑与威灵顿开始战斗，当时拿破仑大约有7.2万士兵，威灵顿有7万。拿破仑和威灵顿都在等待援军的到来，前者等的是元帅格鲁布，后者等待的则是布吕歇尔。

法军继续着对英国军队左翼的进攻。一个半小时后，拿破仑看见圣兰别尔东北方有军队向这边赶来，他认为这一定是格鲁布，遗憾的是：来的军队是布吕歇尔而不是格鲁布。布吕歇尔从格鲁布的追击下逃脱并且绕过法国元帅的视线赶到了这里。拿破仑并没有因此而想到撤退，他认为格鲁布应该会很快到达。

很多的法国骑兵死在了战场上，但剩余的士兵们毫不因此而恐惧。

黄昏时，拿破仑相信格鲁布马上就能赶到，所以他仍旧带领着近卫军向前猛攻。但很快大批英国骑兵冲向了法国近卫军，近卫军伤亡惨重。这个时候，拿破仑仍在等，格鲁布仍没来！

排成了方阵的近卫军一面抵抗着英军的进攻，一面保卫着拿破仑慢慢撤退。离开了滑铁卢，拿破仑得知几十万英军主力已准备向法国进攻，而几十万俄军也咄咄逼人，即将到来。这些让拿破仑彻底绝望了。格鲁布迟迟未到毁灭了法国军队。

滑铁卢惨败，拿破仑对未来充满了绝望。然而事实真如人们所言：拿破仑的惨败完全在于格鲁布元帅的迟到吗？如果格鲁布元帅没有迟到而是准时到达救援地点那是否又意味着拿破仑会一如既往地雄霸欧洲呢？

我们不得而知，胜负也许就在一瞬间，也许是天意如此也说不定。

美国战舰“缅因”号为何突然爆炸？

美国战舰“缅因”号的爆炸，成为美国与古巴战争的导火线。于是，挥舞着“自由与和平”大棒的美国师出有名地进军古巴。

1898 年 2 月 15 日晚，美国“缅因”号战舰突然爆炸，260 人丧生。消息传到美国后，国内上下一片哗然。“缅因”号为什么会爆炸呢？这是人们议论最多的问题。为此，美国政府派出一个 4 人小组前往古巴进行调查，结果指出，“缅因”号是被海底水雷或鱼雷击中爆炸的，并且，他们一口咬定是西班牙人干的。

西班牙方面马上发表声明，说“缅因”号的爆炸与自己没有关系，并向美方建议联合调查此事，却遭到了美方的断然拒绝。美西两国的正面冲突不可避免地出现了。4 月 25 日，美国正式向西班牙宣战。3 个月后美西战争以西班牙失败而告终，西班牙让出了古巴和菲律宾。

这件事情过去了很长时间，但人们对“缅因”号爆炸的真正原因仍然怀疑：西班牙人为什么要炸“缅因”号？美国人为什么不让西班牙人协助调查？是不是中间有什么不可告人的秘密？

有人说，美国人后来调查发现，“缅因”号是由于船体内部原因而引起爆炸的。正要深入调查时被上面命令制止了，所有资料全被没收。这一原因后来也为来自美国高层内部的确凿消息所证实。那么为什么美国政府要制止调查事件呢？难道这一事件真是美国挑起事端的一个借口吗？美国也确有此嫌疑。

既然“缅因”号爆炸确实是因为内部所致，那么爆炸的具体原因是什么呢？

一种说法认为是由于“缅因”号上锅炉发生故障引起爆炸，最终导致船体整个爆炸。

还有一种说法认为是存煤自燃引起船体爆炸。因为在这件爆炸事件发生前两年，美国的巡洋舰“辛辛那提”号和“纽约”号也曾发生过类似的煤砖自燃起火事件，只不过这两件事故都因为海水进入船舱熄灭了大火而避免了一场灾难。

以上两种说法各有所据，到底历史真相如何，至今难有定论，然而人心自有一杆秤，谁是谁非，也许人们心中早有结论。

海湾战争的促成者是美国还是伊拉克？

海湾战争，谁是胜者？萨达姆与老布什到底谁才是整个战争的积极促成者？又是谁打响了海湾战争的第一枪？常常以和平主义者自居的美国又何以如此积极主动？

很多学者认为，是萨达姆的毫不妥协导致了战争的最后爆发。但是，也有不同意见，鲍勃·伍德沃德的新书《阴影》披露：美国需要战争，最终目的就是要找到打击伊拉克军队的借口。所以，它处心积虑地要发动一场战争。在战争爆发前几天，布什召集国务卿詹姆斯·贝克、参谋长联席会议主席鲍威尔以及国家安全顾问布伦特·斯考特罗夫特等国家安全事务班子成员进行商议，试图与伊拉克达成一项在最后关头从科威特撤军的协议。布什之所以还要打出这个幌子，是因为他想向公众显示，他在尽最大努力为和平而奋斗。美国人一向以和平缔造者自居，布什不愿被别人看成是战争狂人。若伊拉克同意撤军，美国部队就没有理由再继续驻扎在沙特，但是，这显然是不可能的，不论是从政治上还是逻辑上，对美国来说，若萨达姆从科威特撤出来，却继续让部队留在边境线上，“那将会有40万到50万的伊拉克部队，”斯考特罗夫特说，“他们会无限期地等下去，威胁要再次入侵。”如果这样，美国就会处于被动局面。斯考特罗夫特指出，谈判的胜利实际上会造成一次巨大的战略性损失。所以，美国要充分利用这次机会，使萨达姆的军队受到致命的损失乃至最终消灭它，使伊拉克在近期内不会对科威特或这一地区其他国家构成威胁。

作为美国总统，布什必须打出所有的外交牌，但他更清楚地告诉他的幕僚们，外交谈判的胜利实际上将会带来一场更为严重的危机。他曾坦然地对幕僚们说：“我们不得不进行一次战争。”自然，这种话是绝不能向外界透露的。

1991年1月9日，布什终于等到了他所需要的消息，“伊拉克不肯作出让步”，萨达姆的强硬是美国发动战争的最好借口。但布什的心情也十分沉重，谈判的失败意味着战争，战争需要以金钱和生命为代价，而带来的后果却是谁也无法预料的。萨达姆知道与美国对抗是自取灭亡，虽然成败早已注定，但只要他坚持到底，他依然是阿拉伯世界的英雄。

到现在为止，海湾战争已经过去十多年了，但神秘的“海湾战争综合征”却从未在美国人心中消退过，到底谁是这场战争的最终胜利者还真难以说清，或许这场战争没有最终的胜者。

二战初期西线无战事之谜

“奇怪战争”又称“假战争”、“静坐战”，这是人们对1939年9月—1940年4、5月间英法两国对德国“宣而不战”的讥称。长期以来，人们认为它实际上是英法战前绥靖政策的继续，因而毫不奇怪；但也有人认为，英国、法国并非有意“作怪”，他们当时已经放弃了绥靖政策，只是立即投入对德国作战，实在是力不从心。

在第二次世界大战欧洲策源地形成之际，英法两国的确采取了绥靖政策。它表现在英法无原则地投和、满足纳粹德国对领土的一个又一个要求。

接下来，希特勒挑起了第二次世界大战，首先向波兰发起进攻。而就在德军在波兰任意制造死亡和大肆破坏的时刻，英法虽然也对德宣了战，但却与敌人进行了“没有军事行动的战争”。西线战场上除了寥落的枪声、虚张声势的呐喊，没有一点战争的紧张气氛。据说，法国统帅部还下达命令，禁止士兵对德军阵地射击。在力量上大大占有优势的英国海军，甚至无意阻碍德国舰队在波罗的海的作战。一时之间，英法报纸也充斥着“西线无战事”的报道。

在绥靖政策的影响下，英国在战争初期的军事战略计划是在1938—1939年根据这样的假设提出来：战争将是长期的，在战争头几年英国实际上将不参与积极的军事行动。法国则长期追随、附和英国奉行的绥靖政策，也不作临敌准备。为此，它还一方面封锁德国的西部边界，另一方面拿波兰，甚至匈牙利、罗马尼亚为礼物，以推动希特勒放弃《苏德互助条约》，进攻苏联。也正是在这种政策下，人们才看到了这样的“奇怪场景”：德国加紧移兵、加速备战，而伦敦、巴黎则是一派和平景象；西线战场上，英法两国百万大军数着一列列德国运兵货车无动于衷。他们悠然地看着自己的弱小同盟国被消灭，看着德国士兵在前线装卸枪炮辎重，而丝毫不去打扰他们。德国也“以礼相待”，除了进行空中侦察外，没有对英法采取空中行动。这样的战争足足持续了7个月，这给了希特勒充裕的时间，使他新组织起了146个师的兵力，新造出了4 000余架飞机，并得以把重兵转移到西方。英法推行绥靖政策和“奇怪战争”的目的，是为了竭力避免希特勒的侵略，然而事与愿违。当战火终于烧到他们自己的头上，英法才猛然惊醒，但为时已晚。一言以蔽之，这种绥靖政策无疑是搬起石头砸了自己的脚。

但也有人针锋相对地提出截然相反的观点。他们认为“奇怪战争”并不是绥靖政策的继续，而是英法对德政策从“战前妥协绥靖”走向“全面武装抗争”所必然经历的“中间过程”。英法对德宣战，标志着绥靖政策的基本终结，同时又是英法武装抗德的起点。该观点认为，现代战争是敌对双方各种力量的全面较量，交战双方军事力量和人力、物力、资源，是各自制定战略方针的基本依据。从战争1939年9月1日爆发时双方力量对比来看，德国的军事力量占有极其明显的优势，而且优势将持续在随后的半年之内。当时，英国刚刚实行新的征兵制，无法派出军队；虽然其海军占有优势，但多在海外，负有守卫殖民地、护卫7 000艘商船等使命。法国的陆军装备极其低劣，无法展开大规模的攻势；尽管如此，他们还是派出了9个师的兵力沿萨尔河的德国防线向前推进了8千米。另外，法国空军力量也不足以对德国实施空中轰炸。虽然在战争爆发初期，西线战场德军力量暂时薄弱，但法国军队也并不十分集中，且还要照顾到北部战场的安全。再加上德国回师西进速度惊人，因此英法联军实际上基本谈不上优势可言。德国进攻法国之时，英法两国在军事上仍然处于劣势。

基于此，传统观点无视双方军事力量对比的事实，也无视当时英法两国对这种对比的估计，仅仅从英法两国对德宣而不战、苏芬战争期间英法援助芬兰等行动中，简单推出“宣而不战是有意不打”的结论，未免过于主观，不能令人信服。该观点还强调，认为“奇怪战争”是英法两国有意联合德国进攻苏联，完全是出于主观臆测和国际政治斗争的需要。

看来，对于“西线无战事”是否是绥靖政策的结果，还会不断地争论下去。究竟历史真相如何，也只有待相关绝密资料的解密，兴许才会浮出水面。

“巴巴罗萨”空战苏联到底损伤了多少飞机？

战争狂人们一向目空一切，好大喜功，纳粹头子希特勒更是其中的“典范”，在公开“巴巴罗萨”结果时，希特勒与斯大林也唱起了对台戏。

1941年6月22日夜，希特勒一手制定“巴巴罗萨”作战计划。俄罗斯人民正沉浸在和平、甜蜜的午夜之梦中。凌晨3点15分，成千上万颗绰号为“恶魔之卵”的球型炸弹带着刺耳的啸叫落下来，夜空的宁静被打破了，随着剧烈的爆炸声，到处升腾起冲天的火光。俄罗斯再也不能平静下去了，战争恶魔向他们伸出了巨手。

苏联空军蒙受了巨大损失，那么在“巴巴罗萨”空战中损失的飞机到底有多少？

这必然是个不小的数目，据德军4个航空队向德国空军总司令赫尔曼·戈林报告说：德国空军轰炸机炸毁了来不及起飞的苏军飞机1 489架。此外，德军战斗机及高炮部队击落了升空的飞机322架，共计1 811架。德军自己也不敢相信在如此短的时间内竟能获得如此的战绩。与此同时，戈林密令空军总司令部的军官们分别到各个已被占领的苏军机场依据飞机残骸进行一次统计调查。调查进行得很快，一份秘密调查报告呈送至戈林面前：“巴巴罗萨”空战的战果不止1 811架，而是2 000架以上。报告说，准确的数字已无法核实清楚，但肯定在2 000架以上。

因为戈林没有对此事展开进一步深入调查，所以人们都对此战果的报道持怀疑态度。而且，在“巴巴罗萨”空战以后，苏联空军并没有公布损失飞机的数字。战争结束以后，苏联国防部出版社发行了6卷本的《苏联伟大卫国战争史》。该书称，苏联空军在“巴巴罗萨”空战的第一天损失飞机1 200架，其中单在地面上被炸毁的就有800架。

苏联与德国公布的数字相差非常多，竟达600～800架，这差不多是一个中等国家整个空军的实力，令人奇怪的是，苏、德双方对于升空后被击落400架飞机的数字，出来的统计结果是相同的。数字的出入在于地面飞机的损失，而地面飞机的损失数字说什么也比空中击落飞机的数字易于统计。

斯大林在当天早晨曾命令西部军区将所有飞机均加以伪装。但是斯大林的命令并没有得到执行。苏联空军的新旧飞机均未加任何隐蔽，整整齐齐地排列在跑道上，就像接受阅兵似的。大部分飞机来不及升空便被炸毁了。

所以在这场偷袭战里，被炸毁的飞机最终也没有得到确认。

“海狮计划”为何夭折？

1940年5月10日，纳粹德国故伎重演，又在西线发起了一场闪电战。英法联军不堪一击，全线崩溃。6月22日，号称拥有世界上最强大的陆军的法国签订了投降协定。但此时的德国开始狂傲自大，他们一相情愿地认为，由于法国的屈服，英国一定会急于求和。据说6月份的整整半个月和7月初，希特勒都是在对英国的“和平幻觉”之中一心构想着“不战而屈人之兵”。

英国人“不给面子”，使德国人的梦想开始破灭。7月16日，希特勒终于发出了“关于准备在英国登陆作战的第16号指令”。他指出：作战行动的目的是消除英国本土作为对德作战的基地，并且在必要时全部予以占领。这就是“海狮计划”。但就在这一计划出台后没几天，希特勒下达了推迟进攻的命令。接下来这一计划一再被推迟，直到1940年10月12日，希特勒发布了一个正式指令，宣布“海狮计划”无限期推迟。表面上这个计划仍然没有被取消，但实际上它已经宣告流产了。

希特勒在这个计划上表现出的优柔寡断、出尔反尔，并不符合他一贯的性格。许多人由此对“海狮计划”的真实意图表示怀疑。

“巴巴罗萨计划”是德国入侵苏联的方案。“海狮计划”与“巴巴罗萨计划”之间到底是什么关系呢？从法国投降到下达“海狮计划”的这段时间内，希特勒在考虑作战安排时，不可能不把东线和西线、苏联和英国考虑进来。这也便意味着“海狮计划”与“巴巴罗萨计划”之间可能有着某种内在的联系，尽管二者出台的时间相隔较远。“海狮计划”是在希特勒“和平制服英国”的幻想破灭后制定出的，从它的实施情况来看，这是个又拉又打、威胁与利诱相结合的计划。在“海狮计划”的实施准备过程中，希特勒并没有忘记来自东方的危险。他反复重申，即便打败了英国人，只能让美国人、日本人和其他国家坐收渔利。希特勒在一次例会中进行了一番战略分析：英国的希望在于俄国和美国，如果对俄国的希望破灭，那么对美国的希望也将破灭，因为消灭俄国以后就会大大增加日本在远东的力量。在希特勒看来，俄国是英国的希望所在，一旦俄国被消灭，英国继续战争的决心就会垮掉，因此必须尽快消灭俄国。希特勒在“海狮计划”的制定及准备过程中，始终未忘苏联，这暗示着“海狮计划”与“巴巴罗萨计划”之间有某种必然的联系，但这种联系到底有多密切，到目前为止还是一个谜。

苏联时期的历史学家对这个谜有不同的看法。他们认为，说“海狮计划”的夭折是因为德国的海空力量不足以实施该计划的观点是站不住脚的。1940年7月，德国空军拥有两三倍于英国空军的优势，足以取得对英吉利海峡的战略控制权，对英国实施战略轰炸的失败并不说明德国空军无力在海峡上空掩护渡海部队。英国陆军更是微不足道，敦刻尔克撤退后，英国连一个完整的师都没有了。因此苏联有一部分人认为，所谓“海狮计划”只是德国掩盖“巴巴罗萨计划”的烟幕。这一说法似乎得到了德军最高统帅部作战日志的证实。1940年7月，希特勒就建议东线兵力增加到120个师，包括大部分装甲部队，为了消除苏联的疑虑，德国解释说它必须有一个远离英国空中进攻危险的基地。8月份，为了完成德军在东方的集结，德国方面故意起了个意图明显的代号“东方集结”，宣称是为了分散人们对即将到来的入侵英国的注意力。但在最高统帅部的作战日志上却清楚地写着：“东方集结”是我们为打俄国做准备的伪装。

时至今日，还没有确凿的材料可以给出“海狮计划”夭折的最后答案。

谁击沉了“悉尼”号？

1941年11月19日黄昏，德国“鸬鹚”号炮舰正在澳大利亚西部近海航行着。突然，舰长德默发现不远处出现了一艘巡洋舰，仔细一看，正是澳大利亚的“悉尼”号巡洋舰。当时情况糟糕，因为“鸬鹚”号早已经进入了“悉尼”号主炮20千米的射程之内；此外，它只是一只由商船改装而成的炮舰，显然不是眼前这个庞然大物的对手。

德默舰长灵机一动，顿时想出了一个应急的好办法：他先叫人在炮舰上挂上挪威国旗，然后再命手下发出信号，警告说本海域发现了可疑船只。狡猾的德国人希望以此将“悉尼”号巡洋舰的注意力引到另一方向；接着，它又佯装起火，发出“SOS”失事呼救信号，诱骗“悉尼”号巡洋舰前来搭救。

“悉尼”号船长巴尼特见到这一景象后，信以为真，立即就取消了派“海象”飞机搜索敌舰的命令，准备全力营救“起火”的“鸬鹚”号。可是就在两舰近在咫尺的时候，他才发现“鸬鹚”号已经改头换面，挂上了德国的国旗。还没等他回过神，对方的两枚鱼雷及炮火就劈头盖脸地打来。“悉尼”号顿时中弹起火，飞机也被炸毁。大梦初醒的巴尼特舰长急忙下令还击，双方就在这一海域激战起来。德国人虽然抢先下手，但小小的“鸬鹚”号哪里是“悉尼”号的对手。没过多久，它就中弹起火、大炮失灵，丧失了战斗力，不得不乖乖地升起白旗投降。

然而，就在“鸬鹚”号打算缴械投降时，“悉尼”号巡洋舰突然被一枚不知来自何方的鱼雷击中。这一突如其来的打击十分致命，“悉尼”号舰身迅速下沉，舰上645名官兵也随之沉没，无一幸免。

难道这又是德国人从中耍了花招？后来的历史学家们进行了一番考察，结果表明，当时的“鸬鹚”号确实已经处于被动挨打、无法还手的境地了，那枚鱼雷不可能是它发射的。

事隔32年后，原“悉尼”号巡洋舰领航员之子、英国作家M·蒙哥马利经过长期的私人调查，提出了自己的看法。他认为，这枚神秘的鱼雷是由前来迎接德国“鸬鹚”号炮舰的日本潜水艇发射的。

蒙哥马利在调查结果中指出，当时，作为东南亚盟国战区成员的澳大利亚海军司令部，曾经就“悉尼”号巡洋舰被击沉一事，向英国海军部上报了一份情报，怀疑日本潜水艇曾在那场海战中参战。后来，英国首相丘吉尔也于当年11月26日将此事电告美国总统罗斯福，并收到了罗斯福的回电。

不过令人奇怪的是，英美两国首脑在公开场合对这一事件一直保持缄默态度；两国政府既没有就此事件向当时尚未与美国交战的日本提出抗议，至今为止也没有公布有关“悉尼”号巡洋舰被击沉的任何文件。难道其中又有什么玄机不成？

究竟谁击沉了“悉尼”号，这在历史上成了一个不大不小的悬案。

日本偷袭珍珠港之谜

1941年12月7日上午，初冬的太阳照耀着夏威夷岛上的珍珠港。它位于火奴鲁鲁（檀香山）西北约9千米处，气候温暖宜人，是美国在太平洋上最大的海军基地。虽然是在第二次世界大战期间，但美国尚未参战，这里一派歌舞升平，丝毫没有战争的紧张气氛。

偷袭珍珠港

突然之间密密麻麻的日本飞机如

恶魔般从云层中俯冲而下，紧接着，炸弹、鱼雷像冰雹般往下落，顷刻间港内发出震天动地的连锁爆炸。美军来不及进行任何反击，他们惟一能做的就是“听天由命”。

近两个小时的轰炸终于过去了。美国太平洋舰队损失惨重：4艘主力舰被击沉，1艘遭重创，3艘被炸伤；另外还有10多艘巡洋舰、驱逐舰和各类辅助舰艇被炸伤。被炸毁、重创的飞机共计311架。美国陆海空士兵以及当地居民伤亡也属惊人：炸死炸伤总计3 615人。除了航空母舰不在港内幸免于难以外，美国太平洋舰队几乎全军覆没。

当时，美国政府还立刻下令，对日本偷袭得手一事进行详细调查。美国海军部长诺克斯在观察珍珠港之后公开发表报告说：“美国军队对于夏威夷突然而至的袭击毫无准备。”一系列的调查结果也表明：军队官员虽然认为日本“理论上”有可能来偷袭，但他们对日军的“能力”错误判断。他们显然认为，日本军队进行这样的远程、大规模偷袭，实际上几乎是不可能的。

如此，结论将是：美国政府、军队的上上下下，事先没有得到有关日本偷袭的任何情报，也没有察觉任何迹象。

但后来，有许多人对这种结论产生了怀疑。

在战后出版的《史汀生日记》中，对1941年11月25日的白宫内阁会议有这么一段记录：11月25日，罗斯福总统在白宫召集内阁会议，讨论如何应付所面临的来自日本的危险。总统在会议中亲自说：“日本素以不宣而战臭名昭著，因此美国有可能在下星期一（12月1日）前后遭到攻击。目前的问题是我们应采取什么措施，如何引诱他们打第一枪，而不会给我们带来太多危险。”

这样看来，美国最高层事先是“察觉”或者“知道”日本人的秘密的。不过，他们“密而不发”，只等日本“闯祸”，借机对日宣战。因为美国高层早就意识到，同日本的战争不可避免，但是国内强烈的反战、厌战情绪，使他们不敢轻举妄动。

有人还通过细心的调查指出：日军空袭珍珠港前夕，美国一些大人物“举止异常”。据说，美国陆军情报局曾经截获并破译日本密码，得知日本有可能在12月7日下午1点左右发动攻击。他们十万火急地给美国陆军总参谋长马歇尔将军打电话，然而每天都要骑马溜达的马歇尔将军偏偏在那天比平时多玩了20分钟，没有接到电话；随后当海军情报部建议通知夏威夷的金梅尔上将时，作战部长斯塔克却说，此时正是夏威夷时间凌晨4点45分，在黎明前妨碍将军睡眠是一种罪过。他建议先与总统商议一下。可不巧的是，白宫总机回答说：“总统的电话正在通话！”11点以后，马歇尔终于悠闲地回到办公室，在看了电文之后，他立即以电报形式向全军司令发出紧急戒备指令。

然而，这份性命攸关的重要电报也发得蹊跷。据说拟好电文的马歇尔还吩咐过："把这份电报送到发报处，用最快最安全的方法拍发给指挥官。"此时已是夏威夷时间7日早晨6点42分了，距离日军实际攻击时间还有1小时3分。不幸的是，由于"大气层条件异常"，直通檀香山的电报无法拍发，结果只能通过最费时的美国西部联合电信公司先从华盛顿用有线电报拍到旧金山，再从那里的美国无线电公司转发檀香山。等电报到后，还得由位于市中心的电信公司送往8千米外的谢夫特堡陆军通讯处，再由邮递员投递。

针对上述这些现象，人们不断提出疑问：当时的情况怎么这么凑巧，以致于陆军情报局居然找不到人汇报如此重要的情报？马歇尔将军完全可以用他自己桌上的电话或隔壁房间的那架秘密电话下达命令，再说，美国海军的短波无线电和专供与夏威夷联络用的联邦调查局短波无线电，也能用来传递消息。但他为什么偏偏不用，反而要如此大费周折呢？

因此，在一些人看来，日本之所以能偷袭成功，并非真的是由于他们谋事机密、滴水不漏。有可能是罗斯福等美国领导人有意给日本人一个"机会"，以便自己师出有名地参战，只是这是一条代价颇高的"苦肉计"。

这一观点提出后，响应的人很多。在珍珠港事件发生时正任日本驻美使馆海军武官处助理武官的源田实，于1981年发表了《偷袭珍珠港》。他说："关于美方是什么时候得知日本偷袭的问题，据我所知，美政府领导人事前就得到了情况，至少罗斯福总统在偷袭前11小时就知道我方的动向，他没有通知前方（夏威夷和前线部队）的原因可能出自他的深谋远虑。他试图让日本先下手，从而一举统一舆论和提高士气……"

但有些人觉得，这种根据一两点史实作出的"逻辑"判断，并不能让人信服。花几十亿美元和上千美国人的性命来诱使日本人"先打第一枪"，这个代价未免也太大了。

如此一来，认定这是"苦肉计"的观点似乎不够充分。看来，珍珠港之谜还真是个解不开的谜。

第三颗原子弹哪去了？

众所周知，1945年8月6日和9日，美国为迫使日本投降，分别向广岛和长崎各投下了一颗原子弹。然而事后有人提出：美国实际上总共向日本投下了三颗原子弹。其中光是在日本的长崎，就投下了两颗。

在一些人看来，美国投下三颗原子弹的说法完全可以认定。他们主要依据美国原子弹研制和生产的组织者、美国退役陆军中将格罗夫斯的披露。

格罗夫斯回忆说，1945年7月24日，他在给马歇尔将军的报告中，提出了对日本进行原子弹轰炸的4个目标：广岛、长崎、小仓和新宿。7月底，美国有关方面最后确定：“广岛是第一目标，小仓兵工厂和小仓是第二目标，长崎是第三目标。”为此，美国从一开始就准备了3颗原子弹。美国空军509飞行大队还准备了7架飞机，用于投掷这3颗原子弹。

原子弹爆炸后升起的蘑菇云

在用一颗原子弹轰炸广岛之后，美国又积极进行了轰炸另外两个目标的准备工作。当时格罗夫斯在其工作安排中写道：“在洛斯阿拉莫斯‘胖子’（美国内爆式原子弹的代号）所用的钚最后处置完毕后，就用C—54型专机运到提尼安。另外两个‘胖子’所需要的一些其他重要零件，则由两架B—29型飞机运送。”

由此可以肯定，美国在对小仓和长崎的轰炸之前，运到提尼安空军基地的是两颗原子弹。

许多人由此认为，原子弹是投下了，但它们落地之后的情况却是许多人都没有想到的——这两颗原子弹中只爆炸了一颗。而美国方面由于不知道事实上另一颗原子弹并没有爆炸，所以他们估计的死伤人数的数字就与实际产生了很大的出入。

据说，那颗没有爆炸的原子弹很快被人发现。接到报告后的日军大本营则立即派人将这颗原子弹严密看管起来。他们以为，如果条件允许的话，他们也可以造出自己的原子弹。可是，由于当时日本帝国大学的原子加速器也已遭到了美国飞机轰炸的破坏，要制造原子弹是不可能了。后来，日本人决定将原子弹交给苏联。

日军大本营立即派代表约见了苏联情报人员，并对苏联情报人员说：“我们完蛋了，美国使我们屈服了，但是如果原子弹为美国和苏联同时掌握，我们深信日本在不久的将来，定能重新站立起来并在大国之中占有适当的位置。”据说，当初日本将原子弹交给苏联时，苏联还对日本作出过某些承诺。这样，苏联方面的原子弹研制进程，由于有了参照而突飞猛进。1949年8月29日4时，苏联第一颗代号为“首次闪电”的原子弹爆炸成功。

听到这一消息，美国总统杜鲁门简直是惊呆了，他连连自语：“这是真的吗？是真的吗？”因为他知道要成功研制原子弹有多困难：自从1938年底，德国科学家哈恩和斯特拉曼用中子轰击铀，发生了裂变之后，美国、英国、法国和逃到美国的德国科学家们，经过了7年的艰苦努力，才造出了第一颗原子弹。为此美国动用了50万人，花费了23亿美元。正因为如此，格罗夫斯将军也曾预言：对于刚刚从战争中恢复过来的苏联来说，要造出原子弹至少需要20年。

可事实上，苏联从参加过美国原子弹试验的英国科学家法奇斯那里，得到了原子弹试验过程中重要的科技情报，此后又从日本那里得到了这颗没有爆炸的原子弹实物，这就大大节省了原子弹制造过程中所需的时间和资金，从而可以在短时间内就造出了原子弹。

至此美国才知道：为什么当初在长崎死于原子弹爆炸的人数与他们预先估计的有如此大的出入，为什么苏联这么快就可以研制出原子弹与他们抗衡……

当然，也有许多人对以上说法不屑一顾。他们认为，那颗没爆炸的“原子弹”纯属子虚乌有。

中东战争之谜

几千年来，西亚的巴勒斯坦一直静静地沐浴在地中海边。这是一片古老而神秘的土地，孕育了辉煌灿烂的文明。1948年5月14日，以色列在阿拉伯国家一片反对声中，宣布正式建国。多灾多难的犹太人终于有了自己安身立命的家园，然而他们和自己的邻居也为此付出了始料不及的代价。

犹太人认为：巴勒斯坦是上帝赐给自己的土地，是犹太人永恒不变的故土。但阿拉伯人对此嗤之以鼻。犹太人在2 000多年前就已经离开了巴勒斯坦，浪迹四方；而阿拉伯人也已经在这片土地上繁衍生息了1 300多年了。难道仅仅因为犹太人在2 000多年前曾经居住在这里，就得承认他们是巴勒斯坦的主人吗？

阿拉伯国家和以色列大打出手，五次中东战争的结局却大大出乎人们的意料。以色列面积只及众多阿拉伯国家的1/252，人口仅是他们的1/9，而且资源匮乏、无险可守；但正是它，多次打败阿拉伯国家的联手进攻，在中东站稳了脚跟。以色列还趁战争契机，占领大片阿拉伯国家领土。

在五次中东战争中，胜利的天平为什么总倾向以色列？

有人认为，这是因为以色列军队

擅长发动突然袭击，先发制人。确实，偷袭战被以色列军队发挥到了极致，其中第三次中东战争可以说是第二次世界大战以来最成功、最出色的偷袭战。1967 年 6 月 5 日清晨，以色列空军的 40 架“神秘”式和“幻影”式战斗机像往常一样腾空而起，巡视领空。10 分钟后，第二批 40 架也紧跟着出发了。但当这些飞机渐渐接近埃及领空时，并没有像往常那样调转机头返航，而是直扑埃及的空军基地。埃及人措手不及，只能眼睁睁地看着军事基地火光冲天、弹片横飞。在短短两个小时中，埃及空军的 200 架飞机变成了一堆废铁，100 多名飞行员丧生。

以色列空军以迅雷不及掩耳之势对埃及空军基地进行狂轰滥炸，它还以同样手法对付了叙利亚和约旦。整个战争只进行了 6 天，以军创造了以微乎其微的代价重创三个对手的奇迹。

是不是因为以色列背后有一个强大的盟友——美国呢？从 1948 年以色列建国以来，美国已经为以色列提供了 400 多亿美元的援助，而其中 3/5 是军事援助。美国的先进武器源源不断地运入以色列，从 1961 年的坦克、战斗机、鱼雷艇和“隼”式防空导弹，到 1967 年时的“鹰”式战斗机、400 辆新式坦克、250 架新式飞机，再到 1968 年底的 50 架“鬼怪”式战斗机。美国的先进武器的确帮助以色列军队在中东战场上大显身手，如在第四次中东战争中，美国用大型运输机向以色列本土空运了大量坦克、装甲车等急需装备，使以色列得以很快扭转被动局面。除了这些高性能的武器之外，美国还特地允许美国的犹太人可以同时拥有以色列国籍，使他们在必要时也能穿上以色列军装，成为以色列军队中的一员。如在第三次中东战争中，竟有 1 000 名美国“志愿人员”出现在以色列空军中。此外，美国还为以色列提供了大量军事情报。难怪以色列前外长阿巴·埃班曾说：“在性命攸关的问题上，以色列几乎都可以得到美国的帮助。”

但是不应忘记，在美式武器不断充实以色列军备时，当时的另一个超级大国——苏联也为阿拉伯人提供了大量先进武器。

是不是以色列军队训练有素、勇猛顽强呢？在最初的几次战争中，阿拉伯各国的“乌合之众”的确难以同以色列军队匹敌。但是，这种差距并不是不可消除的。在后来的较量中，阿拉伯军队高昂的斗志、优秀的指挥使人耳目一新，连以军也不得不承认他们“像魔鬼一样地战斗”。

究竟什么才是以色列制胜的法宝、克敌的妙招？是前者还是后者？是实力还是幸运？可能都有，但也可能都不是，或许另有玄机吧。

科技谜团

KE JI MI TUAN

宇宙是由大爆炸产生的吗?

宇宙是广漠空间和其中存在的各种天体以及弥漫物质的总称。宇宙是物质世界，它处于不断的运动和发展中。《淮南子·原道训》注：“四方上下曰宇，古往今来曰宙，以喻天地。”即宇宙是天地万物的总称。千百年来，科学家们一直在探寻宇宙是什么时候、如何形成的。

这方面有许多神话传说，也有人提出了不少科学假说。

美国天文学家伽莫夫曾提出过一种新的观点，他认为宇宙曾有一段从密到稀、从热到冷、不断膨胀的过程。这个过程就好像是一次规模巨大的爆炸。简单地说，宇宙起源于一次大爆炸。大爆炸宇宙论是现代宇宙学中最著名、影响也最大的一种学说。

宇宙大爆炸想象图

大爆炸宇宙论把宇宙 200 亿年的演化过程分为三个阶段。

第一个阶段是宇宙的极早期。那时爆发刚刚开始不久，宇宙处于一种极高温、高密的状态，温度高达 100 亿摄氏度以上。在这种条件下，不要说没有生命存在，就连地球、月亮、太阳以及所有天体也都不存在，甚至没有任何化学元素存在。宇宙间只有中子、质子、电子、光子和中微子等一些基本粒子形态的物质。宇宙处在这个阶段的时间特别短，短到以秒来计。

随着整个宇宙体系不断膨胀，温度很快下降。当温度降到10亿摄氏度左右时，宇宙就进入了第二个阶段，化学元素就是在这个时候开始形成的。在这一阶段，温度进一步下降到100万摄氏度。这时，早期形成化学元素的过程就结束了。宇宙间的物质主要是质子、电子、光子和一些比较轻的原子核，光辐射依然很强，也依然没有星体存在。第二阶段大约经历了数千年。

当温度降到几千摄氏度时，宇宙进入第三个阶段。200亿年来的宇宙史以这个阶段的时间最长，至今我们仍生活在这一阶段中。由于温度的降低，辐射也逐步减弱。宇宙间充满了气态物质，这些气体逐渐凝聚成星云，再进一步形成各种各样的恒星系统，成为我们今天所看到的五彩缤纷的星空世界。

大爆炸理论刚提出的时候，并没有受到人们广泛的赏识。但是，在它诞生以后的70余年中，不断得到了大量天文观测事实的支持。

例如，人们观测到河外天体有系统性的谱线红移，用多普勒效应来解释这种现象，红移就是宇宙膨胀的反映，这完全符合大爆炸理论。

根据大爆炸理论，今天的宇宙温度只有绝对温度几度。20世纪60年代的3K宇宙背景辐射的发现，有力地支持了这一论点。

有了这些观测事实的支持，终于使大爆炸理论在关于宇宙起源的众多学说中，获得了“明星”的桂冠。

然而，大爆炸宇宙论也还存在一些未解决的难题，还有待于深入研究和取得更多的观测资料，才能得到进一步的结论。

通古斯大爆炸之谜

1908年6月30日清晨，俄罗斯通古斯河畔的人们还在睡梦中。突然，一声天崩地裂的爆炸，巨大的蘑菇云随即腾空而起，强烈的热气流席卷大地。瞬间，6 000平方千米的森林一截为二，巨大的声响传到了100千米之外，爆炸中心地区草木烧焦，金属熔化，牲畜死亡……

爆炸不仅仅使附近地区的居民惊恐万状，受害匪浅，甚至波及了遥远的地区和国家。据说爆炸发生时，英国伦敦的电灯骤然全部熄灭，一片黑暗；在荷兰，夜空中出现了白昼般的光亮；另一半球的美国，人们在黑暗中感觉到大地在抖动。

事后，众多的目击者对这一爆炸作了回忆和描述：爆炸时天空出现了强烈的白光，气温急剧上升，灼热烤肤，人们被气浪推倒，掀出几英尺以外，森林大火，房屋倒塌。但由于当时俄国还处在沙皇的统治下，政府方面没有组织任何有关的考察。直至十月革命后，年轻的苏维埃政权才开始了有系统、有计划的研究。

从 1921 年起，前苏联科学家库列克率考察队奔赴现场，实地考究。他们发现了大小几十个平底深坑，然而却没有为自己提出的“流星造成爆炸”理论找到依据。后来，人们又通过空中勘测，发现爆炸所破坏的面积达2 000多平方千米。同时，人们还发现了许多奇怪的现象：爆炸中心的树木并未全部倒下，有的只是把树叶烧光；受害地区的树木后来生长的速度远远快于未受害地区；大爆炸引起的火灾极为短暂……于是，通古斯上空的大爆炸，成了举世瞩目的“世界之谜”。人们对爆炸的起因作出了种种推测。

到了 20 世纪 40 年代，人类在掌握核爆炸技术方面获得了飞速发展。将已掌握的核爆炸知识与通古斯上空大爆炸进行比较和计算，又发现一些相似现象，如在离爆炸中心约 18 千米处，发现有的树木因光辐射而起火；在离爆炸中心 80 千米的地方，有的人感到衣服像燃烧起来似的，有的人感到耳朵烧得很痛。爆炸后，出现了深刻的遗传性变化，一些植物停止生长，而另一些植物却比往常快几百倍地生长，尤其出现了在世界其他地方找不到的各种蜜蜂和其他昆虫。据此，人们倾向于这是一次核爆炸。但问题是：20 世纪 40 年代人类才获得制造原子弹的秘密，那么，1908 年是“谁”扔下了这颗巨大的原子弹？

在这之后，人们又提出了各种各样的说法。有的科学家认为，爆炸是来自其他星球载有生命的飞船造成的，散落在通古斯地区的金属球，就是曾在地球附近飞行的天外星球宇宙飞船的残骸；有的科学家认为，爆炸是宇宙黑洞所造成的，引起爆炸的是小型黑洞，而这种小型黑洞是在冰岛和纽芬兰岛之间的大西洋某一上空造成这场爆炸的；又有人认为，爆炸是由于一颗彗星陨落到地面引起的，彗星陨落时在空中同与它一样大小的物体相撞，发生了爆炸，产生了强烈的火光，还会产生明显的辐射和世界其他地方都能看到的光亮，也会出现辐射物质。然而，这些解释尚未得到公认。

从大爆炸发生至今，一个世纪过去了。通古斯不明爆炸事件，其结果超出了常规常理，远远不能运用地球上已知自然现象和人为因素来解释。

生命来自火中吗？

与传统说法中认为地球上的生命最早是从海里诞生的，即生命起源于水的说法相反，西方科学家认为“生命是从火中诞生的”，他们认为火是40多亿年前地球上最早出现的第一批生命（即原始生命）的起源。这种关于生命起源的全新的看法，引起了科学界的注目。

地质学界传统上认为在距今约35亿～36亿年前的地球形成的初期，由各火山口喷出的炽热的二氧化碳气体在大气层中筑成了一个具有温室作用的气墙，这个气墙能将太阳的热力吸收后凝聚在地球的表面上。因此，地球刚诞生时，地球表面的温度因热能积聚可高达540℃左右，在这种高温下，那时绝对不可能有任何的生命存在，生命的孕育成长是直到地球表面的温度逐渐降低之后才开始的。可是，对上述说法，有些科学家提出了怀疑和挑战。

1981年8月31日美国《新闻周刊》及1982年第5期美国《读者文摘》的文章中，均报道了1980年美国的圣海伦斯火山爆发而释放出来的高温和喷发出来的有毒化学物质将附近苏必利湖中几乎所有的生物全部杀死。然而，出人意料的是，美国俄勒冈州大学的科学家们近期却在该湖中发现了一些与40多亿年前的地球上最早出现的第一批生命——原始微生物非常相似的微生物。该大学著名的微生物学者约翰·贝洛斯根据这一现象得出“火山喷发释放出的酷热能够将一些最基本的原始气体变成蛋白质和其他大分子”的结论，认为那是地球上产生生命的最早的一步。

金属和硫由于火山爆发而出现在苏必利湖中，湖内由此淤积了大量的金属和硫黄，而火山口里的表面覆盖着硫黄的岩石也被这层金属和硫磺加热到华氏194度，从而形成一些奇怪的细菌繁衍的生存条件。该湖里的微生物是一种厌氧的奇怪微生物，它们不靠氧气生存，而用它们多孔的“皮肤”吸收铁、锰、氨、硫、碳等养料。

另外一个例子是，另有一些科学家在南美洲西北部厄瓜多尔共和国的加拉帕戈斯群岛火山爆发后冒出的一处深达2.5千米的地下热水中，首次发现了一种极为奇特的以吞食化学物质为生的微生物，这种新发现的细菌，证明了在火山喷发时的热液中，含有大量的硫酸及硫化物，这是某些生命存在和繁衍的条件。为了证明这一点，美国迈阿密大学的番迪·佛克斯模拟了上述条件做了实验，实验结果表明：蛋白质的构成原料——氨基酸能在几分钟内聚合成类似蛋白的分子，在24小时内形成类似细菌的生物体。科学家根据上述发现认为，40多亿年前地球诞生后的火山喷发的热液可能是原始生命产生的来源。科学家认为，通过对这些新发现的奇怪细菌的研究，不久将可以揭开地球上的原始生命到底是如何起源的奥秘，但愿有一天这个秘密不再是秘密。

天狼星色变

居住在马里境内的多冈人，是非洲仍然保持着原始丛林生活的土著民族之一。

1930年，两位法国人种学家深入到多冈原始部落中，收集了许多独特的神话和传说。他们意外地发现了天文学家争论了一个世纪的天狼星色变之谜，竟在多冈人的神话传说中找到了答案。

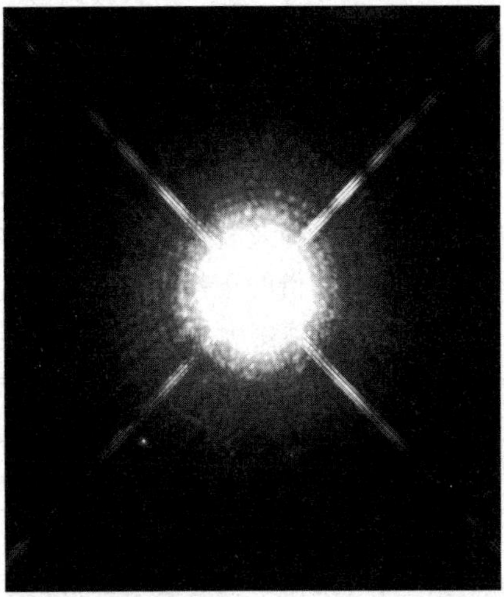

明亮的天狼星

天狼星是夜空中肉眼能看到的最明亮的星星之一，尽管它距地球8.7光年即51万亿英里之遥。不少的古代天文著作都记载着天狼星是深红色的，而现代人眼中的天狼星却是白色的，为什么天狼星的颜色发生了变化呢？这个谜深深地吸引着科学家们。

多冈人告诉法国科学家，天狼星是由一颗大星和一颗小星——他们叫它“谷星”——组成的，小星是一颗黑色的、密度极大而又看不见的伴星，它在椭圆轨道上围绕大星运动。他们还知道小星运动周期的2倍是100年。他们世代相传，天狼星是天空中最小而又最重的星，有一种地球上没有的发光的金属物质，在一次事故中，天狼伴星突然爆炸并发生强烈的光，以后便逐渐暗淡了。尽管多冈人肉眼看不见这颗暗淡的伴星，老人们却能用手杖在地面上划出这两颗星的运行路线和各种图形。

天狼伴星是德国天文学家贝塞尔1834年提出的假说。他认为，天狼星运动中的微小摆动是一颗伴星重力吸引的结果。30年后，美国的一位望远镜制造家首次看到了它。它是一颗白矮星，天狼星与它相互绕转的周期为50年，它体积很小，直径略等于地球，光亮是太阳的1/360，而质量却大略等于太阳，密度较大，一茶杯大小的物质竟可重达12吨。对于天狼星的色变，英国和原苏联科学家不约而同地提出一个假设，天狼星的红色是它的伴星，一颗红色巨星所造成的假象，在一个不能确定的年代，这颗红色巨星爆炸了，变成了不发光的白矮星，天狼星也随之消失了光彩。这些事实和假说，与丛林中的多冈人的神话传说何等相似！多冈人对恒星、行星、卫星有准确的定义。他们知道太阳是离地球最近的恒心，太阳自转，地球也自转，他们还认为宇宙中居住着各种生物，包括有智慧的外星人。

我们不必怀疑古人的超乎寻常知识范畴。在巴西的一个洞穴里，科学家们发现了一幅壁画，上面刻有太阳和八大行星，大小、位置颇为精确。他们的传说也有一些不准确的地方。如他们的历法，据说是根据天狼伴星的运动而推算出来的，但它们的周期不是50年而是60年；又如多冈人的图画中，土星有4颗卫星，而现在发现了至少14颗；又如他们认为天狼星还有一个伴星，可是至今还没有发现等。但是，考虑到这些传说只是口耳相传，考虑到他们当时的低下的文化状况和生产状况，这些误差似乎可以不必苛求了。

最令人惊讶的是，他们世代相传，他们的祖先“诺摩”来自小犬星座，他们能准确地描绘出这颗星的星体特征，甚至它的产生和变化，这就使我们迷惑不解了。为什么多冈人把这样一颗不显眼的，不用望远镜看不到的星星作为自己的故乡呢？是一个无可改变的事实，还是一种故弄玄虚的狡黠？扑朔迷离，无法判断。如果相信他们，这些高度智慧的宇宙生物的后裔，为什么如此原始和简陋？如果不相信他们，他们的科学知识和生活视野能支持他们开这样一个“宇宙玩笑”吗？这又是一个不解之谜！

古埃及人是如何制作木乃伊的？

古代埃及除了建造了世人瞩目的金字塔外，它的木乃伊制造术也让世界称奇不已。在古代，一个法老死之后，都要把奥西里斯的神话表演一番：首先举行寻尸仪式，接着举行洁身仪式，把死者的遗体解剖开，取出脑髓和内脏，然后将其浸入一种防腐液中，除掉油脂，泡掉表皮。70天后，再把尸体取出晾干，体腔内填入香料，外面涂上树胶，以防止尸体与空气接触，最后用布将尸体一层层裹起来。这样，一具经久不腐的木乃伊就做成了。安放遗体之前，还要举行神秘而隆重的念咒仪式，为木乃伊开眼开鼻，把食物塞进它的嘴里。据说，这样它就能像活人一样呼吸、说话和吃饭了。最后举行安葬仪式，把木乃伊装入石棺，这样，金字塔就是它们永远的归宿了。

如果不是认为这样可以防止尸体腐烂，待神灵降临之际能够唤回死者灵魂与肉体的复活，恐怕古埃及人就不会这样残酷地处理尸体了。

激动不已的考古学家用战战兢兢的口吻告诉我们下述事实：

美国科学家于1954年在埃及萨

卡拉地区发现了一座从未被盗的坟墓，墓中的金银财宝依然完好，在黑暗中熠熠生辉。北科尼姆教授带领考古人员撬开滑动的但不可拆卸的石棺盖时，空无一物的棺材让他们迷惑不解。

难道木乃伊长了翅膀飞起来了吗?

难道安葬者把大批财宝放进修得富丽堂皇的陵寝时，把死者忘记了?

在 1955 年，科学家们发现了库尔干五世的坟墓。人们大为惊叹地发现，整个墓室堆满了长年不化的冰块，墓中所有的随葬物品保存完好。一对全身赤裸的男女安眠于冰块之中，宛似活人。他们神态安详，若有所思，看他们的样子，他们还对人间恋恋不舍。

与此相似的是，在美洲安第斯山脉有冰坟，在西伯利亚有冰川坟，在北非和南非均发现过木乃伊。这些冰坟主人的身旁，奇珍异宝与日常用品堆放在一起。所有这些墓都设计得精美异常，牢固难破，历千年风寸，仍然完好如初。

只有那些相信来世转生的民族才会煞费苦心地保存尸体。

对于古代埃及法老为何把自己制作成木乃伊，现代人们的观点很不一致。也许是某种宗教信仰，他们希望自己能复活或者来世仍地位显赫；抑或是他们希望能化腐朽为神奇，将他们的身躯永存于世，精神和肉体永在。这些都是秘密，未解难解的秘密，这些秘密的解决需要专家学者持之以恒地调查取证，才有可能使这些秘密不再深埋于地下。

木乃伊心脏真的还在“跳动”吗?

在埃及卢索伊城郊外，又出土了一具木乃伊，人们将其从墓穴中抬出来，准备先进行初步的处理，然后再送交国家文物部门收藏。在工作过程中，一名祭司似乎觉得这具木乃伊存在着某些特殊的地方。是哪里特殊呢?他仔细地检查了眼前的木乃伊，发现一种奇特的有规律的声音从这个木乃伊体内发出。究竟从哪里传出这微弱的声音呢?循着声音找去，发现是在心脏的位置传出了这种声音，仿佛是心脏的跳动声。这一发现使人们极为震惊，但这死者的心脏不可能还在跳动。那么究竟这个木乃伊的心脏里藏了什么东西呢?

这具木乃伊被转送到开罗医院后，医院组织了一些专家检查了木乃伊，从尸体的表面人们无法得知其声音存在的原因，于是决定进行解剖检查。医生们把麻面拆开，解剖尸体，这时在尸体心脏的附近发现了一具起搏器。这具起搏器促使心脏跳动的声音清清楚楚地传到了人们的耳中，它很有节奏地跳动着，医生们测了一下，发现它每分钟都跳动 80 下，虽然2 500年前的心脏早已干枯，但在起搏器的刺激下它还是有规律地跳动不止。这个能在2 000多年后仍然跳动的黑色起搏器是由一块黑色的水晶制造的。由于有放射性物质在这块黑色的水晶里面，故而它能凭借自身的力量在那里跳动不止。

这一重大发现被医院公之于众，同时这个起搏器又被重新安放到木乃伊体内，人们可以自由参观。不仅众多的考古学家被这一消息吸引，大批电子学家也从世界各地纷纷赶到开罗医院，这具身藏心脏起搏器的木乃伊，令大家叹为观止，人们不禁要问：这黑色的水晶到底从何而来？在世界上现存的水晶中，只有白色和少数的浅红色或紫色的水晶人们曾经见过，而这种黑色的水晶从未有人见过。而且，2 500多年前有什么人能知道这黑色水晶含有放射性物质可以使心脏跳动呢？另外作为心脏起搏器，它一定是在人还未死去的时候被安放在人体内，对人的心脏加以协助的。那么在古埃及的医学条件下，这起搏器又是怎样被当时的人们放入人的胸腔里去的呢？这一系列难解之谜引起了专家们的深思，有人认为：在文化发达的古埃及可能有一些具有特殊能力的术士出现过，这一历史奇迹是他们利用了奇异的手段创造的。那么，这只黑色的水晶起搏器究竟从哪里来，又是什么人制造了它并把它植入人体内的？这个谜的确难解。

古印度铁柱永不生锈的秘密

在印度有一根公元 5 世纪铸造的巨大铁柱矗立在德里城附近的麦哈洛里。这根铁柱高 6.7 米，直径约 1.37 米，用熟铁铸成，实心，古色古香的花纹装饰在柱顶上。据说为纪念旃陀罗王人们铸造了这根铁柱。

铁柱在露天中耸立了1 500余年，经历了无数风吹雨打，至今仍没有一点生锈的痕迹，这是最令人惊异的事情。人们都知道，铁是最容易生锈的金属，几十年间，一般的铸铁都会锈蚀殆尽。

人们直到现在也没有找到能够防止铁器生锈的有效办法。尽管从理论上说，纯铁是不生锈的，但纯铁造价高昂，难以提炼。而且铁柱的成分被科学家分析后，发现其中含有很多杂质，绝非纯铁。照理说应该比平常的熟铁更容易生锈才是。

有人说古代的印度人早已掌握了制作不锈铁器的技术，但后来这种技术失传了，那为什么在同时代他们没有制作其他任何不生锈的铁制器具呢？而且没有任何关于这方面的记载出现在印度的典籍中。

孤零零地矗立在那里的铁柱好像一个不可理解的物证，在向人类的智慧发出挑战。

古希腊人制造过齿轮计算机吗?

在20世纪初，一位采集海绵的希腊潜水员在安蒂基西拉海峡的水底看到一个巨大的黑影。他游过去一看，发现是一艘古代沉船的残骸，这令他大吃一惊。这个突然的发现使他十分激动，他又一次潜下水，仔细察看，发现有大理石雕像和青铜雕像装在古船里面。

不久人们打捞上这条沉船。经专家考证，这艘古船沉没在水下已达2 000年之久。也就是说，它沉没于公元之初。有关组织马上采取措施保护船上珍贵的古代艺术珍宝。

然而，又发生了另一奇迹，而它的价值，所有雕像都不能及。

在工作人员分析、清理船上物品时，他们发现有一团沾满锈痕的东西夹在无用的杂物中。在认真处理后，人们发现那里面有青铜版，还有一块上面刻有精细的刻度和奇异的文字，有被机械加工的铜圆圈残段。专家们马上意识到这圆圈意义重大，这种东西怎么会出现在古代船上呢?

在认真地拆卸、清洗它2次之后，专家们更加惊异了。那许多的细节部分清洗后，竟是一台由复杂的刻度盘、活动指针、旋转的齿轮和刻着文字的金属版组成的机器，经复制发现它由20多个小型齿轮、一种卷动转动装置和1只冠状齿轮组成，一根指轴在一侧，指轴的转动会带着刻度盘以各种不同的速度转动。青铜活动版保护着指针，版上面有供人阅读的长长的铭文。

美国学者普莱斯用x光对这台机械装置进行了检查，最后断定它是一台计算机，太阳、月亮和其他一些行星的运行都可以用它来计算。据检测，它制造于公元前82年。世人都为之惊异。要知道，是在1642年帕斯卡尔才发明了计算机，而且当时他制造的计算机械十分不准确。虽然希腊人被人们公认是古代最有智慧的民族，但人们对这台古代计算机的出现，还是感到不可理解。

还有，这个机械装置全部是由金属制成的，精密的齿轮转动装置也在其中使用。而人们都知道是在文艺复兴时代才使用金属齿轮转动的。这涉及必须具备钳、刨、铣等机械加工工具才可以制作它，而在古希腊是根本就不存在这些工具的。

于是人们又提出这样一个问题：到底是谁制造了这台“安蒂基西拉机器”?

有人说，如果确是古希腊人制造了它，那么恐怕要彻底改写古希腊科学技术的历史。但又无法进行这样的改写，因为只有这个计算机的证据，人们并不知道它的制造者。在古希腊和其他一切古代民族的文献中，关于计算机机械的记载也从未发现过。

如果不是古希腊人制造了它，那么是谁制造了它，有没有可能是比古希腊人更聪慧、科技水平更高的不明生命所为呢，不得而知。

火箭是我国最先发明的令人信服吗?

首先在《兵法十二篇》中提出拜占庭皇帝列奥六世（公元866—912年）时士兵用的一种投火器很有可能是火箭的，是意大利人瓦尔图在1450年提出来的。这便是火箭源于拜占庭说的开始。此后有不少英法学者对这一观点表示赞同。

18世纪的英国东方学者哈尔海德则提出了印度是火箭发明国的说法。1776年，在哈尔海德翻译印度《摩奴法典》时，有“火炮或任何种类火器”、“火炮”的句子。《摩奴法典》汇编了古印度的宗教、哲学和法律，编成时间大约在公元前3—前2世纪间。如果那时已有火炮或其他种类的火器的话，火药的产生当比那时早。众所周知，世界公认火药是中国古代的四大发明之一。《摩奴法典》与唐初炼丹家和药物学家孙思邈最早记录火药的配方时间相隔千年，众多学者因此对之提出质疑，印度学者赖伊即指出哈尔海德的译文中存在错误。

美国学者维特认为以上是因为传说、神话被学者当成了史料，因而结论自然是错误的。他这样分析是不无道理的。但那些相信印度起源说的人并不以为然，因而也只能代表一种观点。在《论火箭的起源》一文中潘吉星认为在1222年印度本土最早出现火箭，那时火箭曾在北印度被蒙古军在对花剌子模国王札兰丁实施追击时使用过。这就是说，在1222年以前印度人根本搞不清楚火箭是怎样的东西。

对火箭源于中国这一观点表示赞同的中外学者，一般认为宋代是火箭的最早发端年代。

在鱼豢的《魏略》中始见“火箭”一词，《魏略》中记载魏明帝太和二年（公元228年）十二月，诸葛亮攻郝昭，郝昭射诸葛亮的云梯的武器即是火箭。不过那时的火箭并非用火药来推进的，而是在普通的箭上扎上一些耐烧的艾叶、松香和油脂一类的东西，然后用弓箭射出。

印度火器史学家戈代认为火药和火箭的起源地均是中国，是在14世纪以后才陆续传入印度的，而这时中国的火箭已出现很长时间了。

著名的科技史学家李约瑟也说：“中世纪中国的最伟大的成就之一是火药和火药武器的发展。”在中国古代典籍中关于火箭的记载也有很多，诸如《宋史・兵志》、《武经总要》等。但仍有人质疑中国是火箭发明国的说法。质疑的根据是明朝丘浚的

《大学衍义补》，丘浚（公元 1420—1492 年）这样说："宋太祖时始有火箭，真宗时始有火球之名，然或假木箭以发，未知是今之火药否也？历考史制，皆所不载。不知此药于何时仿于何人？意者谓在隋唐以后始自西域，与俗谓烟火者同至中国欤？"中国火箭西来说是由英国汉学家梅辉立首先提出的，他认为公元 6 世纪火箭才传入中国。然而仅凭此一条史料，似乎又有点势单力薄，难以说明问题。因此火箭到底起源于哪一国，还有待于进一步深入研究。

"泰坦尼克号"到底因为什么沉没

1912 年 4 月 15 日凌晨 2 点 20 分，号称"永不沉没的泰坦尼克号"连同 1500 多名乘客和船员，一起葬身大西洋底。灾难发生后，西方国家媒体迅速对沉船事件予以大篇幅的报道，对于沉船的原因和场景有许许多多的说法。而世界上许多国家的船舶设计工程师们也对这一沉船事件极为关注。为了揭开这个谜，他们搜索并分析了当时各种报道，推断出造成"泰坦尼克号"沉船的原因应该是部分船舱施工建造不符合要求，以至于船遇到冰山后船体内的钢板被撞得变了形，撞松了铆钉，并从接缝处将船体撕开了一个大口。当然，也并不是所有的工程师都认同这一观点，这也只是一种可能。

泰坦尼克号

海洋地质学家在 1985 年 8 月找到了"泰坦尼克号"的残骸。他们发现，"泰坦尼克号"沉没时船体已被分裂成船头和船尾两部分。可喜的是，1991 年，海洋地质学家史蒂夫·布拉斯科和他的同伴们在"泰坦尼克号"沉没现场又把一块船壳钢板打捞上来。他们发现，这块钢板碎块的边缘参差不齐，随后，他们在实验室里检验了这块钢板，冶金学家肯·卡利斯利用技术检测了该钢板的易碎性。实验结果显示，"泰坦尼克号"船壳钢板的质地出奇的脆。人们由此认定，是冶炼技术问题导致了船体的沉没。因此史蒂夫"那时的造船技术超前了，但冶金技术没有跟上"的说法得到了证实。

这些观点都是基于科学和事实认定的。对于"泰坦尼克号"沉没的原因，还有其他带有迷信性质的说法，那就是被“诅咒沉没”的说法，其中最有名的说法是沉没于“木乃伊的诅咒”。

约在 1900 年前后，考古学家在埃及古墓中发掘出一具石棺，石棺上有“凡是碰到这具石棺的人，都会遭难”这样的咒语，可科学家们才不会理会这些，他们打开了石棺，一具木乃伊在他们的面前展现。

石棺很快被运回英国并在大英博物馆中展出。10 年后，一位富有的美国人希望英国能将石棺和木乃伊卖给他，英国人也真把它卖给了这位美国人。正当他考虑如何将这“宝贝”运回美国的时候，恰逢“泰坦尼克号”首航，于是他便将他的“宝贝”带上了“泰坦尼克号”。可惜谁都没有注意到，在石棺上刻着的最后一句咒语是“将被海水吞没”，与前面的连在一起就是“凡是碰到这具石棺的人，都会遭难，将被海水吞没”。

不管怎样，“泰坦尼克号”毕竟沉没了，作为人类航海史上的一大悲剧，其原因人类是要查明的，借此给更多人以警醒。

彗星是导致人类感冒的罪魁祸首吗?

人们传统上一直以为感冒是受人传染而感染的。但是，英国两位杰出的天文学家霍尔伊爵士和维克拉格教授却在最近提出不同的看法，认为人类的感冒很可能来自彗星，甚至连致命的黑死病，也可能源于彗星。彗星真的是这些疾病的源泉吗?

彗　星

他们经过进一步研究指出，微生物尘埃遍布于星际空间，在太阳系诞生时，星际微生物尘埃、冰和冻结气体混合形成彗星。后来，有些微生物尘埃随彗星进入太阳系而落入地球的大气层，并在地球这个适宜生长的环境中繁殖。

维克拉格和霍尔伊还列举出人类因这些微生物尘埃而获病的例子，甚至还能指出与哪颗彗星有关：1957 年蔓延全球的亚洲型流感，因 1977 年前哈雷彗星发现时也出现过一次，他们据此认为，此病突然流行是哈雷彗星带来的一团尘埃所致，因为这与哈雷彗星绕太阳一周的周期相近。

维克拉格和霍尔伊还预言，天花是由一颗目前尚未发现却每隔数百年接近地球一次的彗星带来的，因此，它虽已灭绝，但可能还会出现。

他们认为太空的微生物既会给地球生物带来浩劫，也能促进地球生物不断地进化发展，他们认为生物的起源是来自地球以外，而不是自发偶然的产生。

两人通过对英国寄宿学校突然蔓延流行感冒的情况的研究来验证自己的推论。他们发现，流行性感冒与一般认为的从一座宿舍蔓延到另一座不同，它是从个别宿舍偶然发生的。据此他们认为漂浮在大气中的微生物是引起感冒的原因。因为如果是人传染的，那么感冒就不会像这样偶然发生。而且他们发现，1948 年意大利萨丁尼亚的流行性感冒与这个蔓延情况相同。

他们还认为，地球上的生物之所以会进化，原因之一是侵入地球的病毒，会使寄生体外的遗传物质发生永久性变化，并且遗传给子孙后代。

然而，其他科学家反对这种说法。他们从星际尘埃对星光的影响的现象认为星际尘埃并非微生物，流星雨引起每年的流行病是一种缺乏事实根据的说法。

但 1986 年，太空探测器飞近哈雷彗星，证明了两位天文学家观点的可信性，通过探测发现这颗彗星发出的尘埃物质含有生命不可缺少的碳、氢两种元素和一些类似由生物制造出来的分子碎片，并且彗星核上还有一层含碳的黑色物质。

彗星究竟是否真的是感冒的来源，还不能确定，只有待以近距离观察彗星来找出能证明维克拉格教授和霍伊尔爵士说法的正确与否的证据。

百慕大的“魔鬼之力”是什么?

素有“魔鬼三角”之称的百慕大迄今为止仍为众多科学家们日思夜想，百思不得其解。特别是近几十年来，许多飞机、战舰常常会无故失踪。谜底何在，众说纷纭。

第一种是苏联科学家最早提出的海底水文地壳运动说。他们说，由于百慕大海底地貌十分复杂，这样就造成了百慕大海域的洋流纵横交叉，变幻不定，形成了多个巨大的漩涡流。后来，美国科学家又进一步证实了这种说法。他们认为，百慕大海域不仅有巨大的漩涡流，而且这些漩涡流在阳光照耀下会产生极高的温度，这是使飞机爆炸、船舰沉没的原因。

那么，为什么会找不到沉船和失踪的飞机的残骸呢？持海底水文地壳运动学说的学者们分析说，在百慕大地区的海底地壳上有因天长日久而形成的一个个地陷坑或空穴，这里地壳运动十分频繁，百慕大附近的陆地地震不断，原因就在于此。当地震发生时，这种空穴的顶部就会坍塌，其地

百慕大漩涡

的轮船、舰艇随之被卷入，沉入“大口”之中，这样，舰艇就会沉没而不留任何痕迹。

第二种是次声波地磁引力说。苏联地球物理学家舒列金在20世纪30年代提出次声波由海浪产生的。他们认为，在火山爆发、地震、风暴等自然灾害发生的同时，次声波也随之震荡，次声波虽然是人耳听不见的一种声音，但是，它的破坏力却大得惊人。当人处在振荡频率为6赫左右的环境中，便会产生强烈的疲劳感，随后又出现焦躁不安和本能的恐惧，而当人处在频率为7赫的环境时，人的心脏和神经系统陷入瘫痪。而百慕大正是次声波最活跃的地区，导致种种惨剧发生的“魔鬼”就是这一致人死地的次声波，它是罪魁祸首。

第三种是“天外来客”说。1965年6月5日，一架大型双引擎军用飞机“飞行车厢C119”号在飞越百慕大时突然失踪。正在这时候，美国宇宙飞船“双子座—4”也正好飞越此地，宇航员麦克维特发现了一只触手外露的类似“飞碟”的不明飞行物正在离他不远处飞行，他立即用电影摄影机把那飞行物拍摄下来。据此，美国天文学家M. K. 杰塞浦以及一些其他学者认为，神秘失踪的飞机和船舰可能是“天外来客”乘坐的飞碟所为。

第四种是20世纪70年代中期，美国科学家拉里·库什提出的“虚幻之谜”说。他说，在百慕大三角发生的这些奇异现象，并不只是近几十年来才发生的事情，早在16世纪哥伦布探险时期就有记载。这些记载大多说，凡在此遇到空难或海难均是由于遇上了飓风、狂浪、海啸等自然灾害所造成的。这些记载，很多从事研究百慕大的学者也知道，但并没有引起重视，甚至于有些学者为了猎奇，有意或无意地删去这些情节，更有些人为了一鸣惊人，还把本不在百慕大发生的海难、空难事故的发生地移花接木，欺骗世人。

到底什么才是百慕大神秘的“魔鬼之力”？至今还是个未解之谜，我们将拭目以待。

贝加尔湖中缘何生活着“海洋生物”？

淡水湖中会有“海洋生物”存在？你也许会认为是天方夜谭，但是贝加尔湖就存在这样一个奇迹。

俄罗斯的贝加尔湖面积有3.15万平方千米，平均深度为730米，是全世界最大的淡水湖，其存水量在全世界淡水总量中约占1/5。与世界上的一些著名湖泊的水量在逐年减少相反，它的水量逐年增加。

美丽壮观的贝加尔湖

整个湖区以及附近一带有600多种植物和1 200多种动物生存，在这些动植物中，有近2/3的品种是地球上其他地方很少有的特种生物，甚至有些生物是在几万年甚至几亿年前的古老地层里才有与其类似的化石的极为珍贵的品种。在这里还生活着与相隔甚远的热带或亚热带的生物相同或相近的生物品种。例如，这里生活着一种其近亲生活在印度的湖泊里的藓虫类动物；还有一种长臂虾，只有在北美洲的湖泊里才能发现它的同宗。

但是，最使科学家感兴趣且迷惑不解的，不是贝加尔湖生物品种的繁多，而是贝加尔湖中生活着许多真正的海洋生物，如海螺、海豹、鲨鱼等，这也正是贝加尔湖最大的特色。贝加尔湖是世界上所有的淡水湖中湖底还长着浓密的海绵的淡水湖，并且海绵中还生长着奇特的龙虾。

可是，令人不解的是，贝加尔湖的湖水是淡水，如此众多的“海洋生物”为何能生活在其中？对此，科学家们作了种种推测。

最初的推测是认为贝加尔湖和大海相连，海洋生物是古代的海洋进入贝加尔湖后遗留下来的。苏联科学家维列夏金根据古生物和地质方面的材料推测认为，在地壳变动前，中生代侏罗纪时的贝加尔湖以东地区，曾有过一个浩瀚的外贝加尔海。内陆湖泊——贝加尔湖是由于这个地方的地壳变动而形成的。雨水、河水的不断加入使咸水变淡，形成淡水湖。而现在的“海洋生物”就是当时海退时遗留下来的。

但是，20世纪50年代初期，人们通过在贝加尔湖附近打的几个很深的钻井而取得的岩芯样品中，没有发现任何关于中生代的东西，证明上述推测可能不实。同时，还有一些材料证明，贝加尔湖附近的沉积岩层不是中生代的，而是新生代的沉积岩层。

新的研究发现贝加尔湖地区有史以来一直是陆地，贝加尔湖是一个因地壳运动发生断裂而形成的断层湖，从而将认为湖中海洋生物是海退遗种的说法加以否定。

因此，到目前为止，关于贝加尔

湖中“海洋生物”因何而来还没有彻底解释清楚，期待未来的研究能够给人们一个满意的答复。

鲸为什么经常“集体自杀”？

历史上曾发生过这样的事。百余头伪虎鲸于1970年1月11日冲上美国佛罗里达州皮尔斯堡附近的海岸的海滩。海岸警卫队为救助这批搁浅的鲸，从中午1点到深夜，尽一切努力想把它们往海里赶，可是它们屡次重新冲上海滩。最后，150头伪虎鲸全部死去。

同样的情况也发生在1979年7月16日加拿大波林半岛上。当时，上百头鲸拼命地冲上海滩。渔民奋力挽救这些鲸，把它们硬往海里赶，但是徒劳，这些鲸在原地不动，直到死去。

在荷兰、墨西哥和美国等地的海岸上这种类似的情况也时有发生。

关于鲸自杀的记载始于古希腊哲学家普卢塔赫（公元46—126年）写的《各种动物的才能》一书。

鲸是因为被狂风大浪推到海滩上？是因为被凶恶的鲨鱼或受到其他动物的威胁而仓皇逃命窜上海滩？是因为在海滩觅食或一时贪玩而在海滩上搁浅而要“集体自杀”？还是……人们对此百思不得其解。

生物学家们为了揭开这个谜，多年来一直进行广泛探索。

鲸集体上岸自杀

荷兰科学家范·希尔·杜多克是研究鲸自杀原因的专家。1962年他研究了包括成群的和单只的26种鲸的133桩“自杀”事件。研究发现，鲸一般选择低洼的海滨浴场、海岸、浅滩和凸出的海角作为“集体自杀”的场所。

鲸又为何要在这些地点“自杀”呢？

原来，鲸的视觉并不发达，其判别方向和识别东西主要是靠它身上的一套回声定位系统具有反射声的作用而进行的。

在低洼的海岸等地，使鲸回声测位的条件恶化，妨碍了鲸对反射信号的接收，有时鲸不能收到落至缓斜砂质的海底的信号，而水浅使鲸的喷水孔不能浸没在水里，这也减弱了它的回声定位能力，因此，在这些地方，鲸常因飓风、暴雨而搁浅。

这种说法是单头鲸“自杀”的原因，但是鲸为什么“集体自杀”呢？

苏联科学家托米林认为鲸的“集

体自杀”牵涉到动物学和生理学的因素，即鲸之所以会“集体自杀”是为了保护同类。

由此可以推测到鲸“集体自杀”的原因：首先，个别鲸因环境条件原因而使回声定位系统失灵，落入海滩；其次，搁浅的鲸为求生而向同伙发出遇难的信号，其他的鲸接到信号后为救护同类而上海滩；最后，所有的鲸都投入了死亡的深渊，造成“集体自杀”。

但是，法国、英国、美国的一些科学家对鲸“集体自杀”的原因作出不同的解释：军舰产生的发动机声音、爆炸声等噪声以及军舰上的回声测探仪和水声测位仪（声呐系统）发射的声波，扰乱了鲸的回声定位系统，鲸即因发生这种紊乱而发生搁浅。他们举例说，1986 年在兰沙罗德岛附近正在进行军舰演习时，有 4 条鲸在该岛搁浅；1989 年，在加那利群岛的一个海岛附近游弋的军舰导致不同种类的 24 条鲸在该岛边集体搁浅。此外，委内瑞拉湾发生的鲸“集体自杀”与当时水下爆炸几乎同时发生。他们认为这是证明他们观点的力证。

综上所述，大多数人认定鲸的搁浅只是环境条件以及它们的习性造成的无意的结局，而不是它们有意识的自杀。鲸“自杀”的说法只是古代人们对鲸搁浅的一种不科学的说法。但这种“科学”的说法并未得到绝大多数专家学者的完全肯定。

宗教漩涡

ZONG JIAO XUAN WO

历史上真有耶稣其人吗？

基督教自创立至今已有 2 000 多年的历史了，它与佛教、伊斯兰教齐名为世界三大宗教。作为基督教的创始人，耶稣是否确有其人其事，诸家看法不一，论点各异。

持肯定观点的人认为，这位被现今数以亿计基督教徒信奉的“救世主”耶稣是一位凡人，而不是神明，基督教是公元前 1 世纪时，由一位生长在巴勒斯坦的拿撒勒族人耶稣创立的。他本人也被后来基督徒崇奉为“上帝”，尊称为“基督”。

耶稣的家坐落在巴勒斯坦北部伯利恒地区的拿撒勒小镇。他出生于公元前 1 世纪初叶，父亲约瑟是一个木匠，母亲名叫玛丽亚，耶稣是他们的长子，下面还有 3 个弟妹。耶稣自幼没有受过传统的正规教育，社会是少年耶稣的主要课堂。他虔诚的父母每年去宗教圣地耶路撒冷诵经朝拜，都少不了有耶稣同行，耳濡目染，耶稣从这里了解了巴勒斯坦和外部世界的情况，获得丰富的知识涵养。

著名的犹太历史学家约瑟弗斯在《犹太人的古代事迹》一书中称赞耶稣“是一个全心信奉真理、有智慧神迹的人”，后来，耶稣召集了 12 个门徒，云游四方，奔波传教于巴勒斯坦各地。耶稣在下层劳动人民中宣扬“天道”，号召民众要把巴勒斯坦从罗马帝国的统治下解放出来，重建繁荣昌盛的希伯来大卫王国。“叫有权柄的失位，让卑贱者高升；叫饥饿的饱食，让富足的空手；凡自高的必降为卑，凡自卑的必升高。”在犹太人民的心目中，耶稣既是先知先觉的圣人，又是大卫王国的皇位继承人。根据记载耶稣生平事迹的《四福音书》，耶稣及其门徒的布道说教反映了当时下层人民的苦难，激励了人们的斗争意志，指出了人民奋斗的方向和目标是建立“天国”，他给广大群众带来了福音，掀起了一阵又一阵的群众抗议活动。耶稣的一系列活动，遭到犹太当权者的抵制和打击，他终于被捕送交罗马帝国驻犹太的总督庞迪俄·彼拉多，后来钉死在耶路撒冷东郊橄榄山的十字架上。

持否定观点的学者提出：耶稣在历史上并无其人其事，而是一个人为的“救世主”，耶稣只是基督教会塑造出来的“一个没有生命的偶像”而已。不是耶稣创建了基督教，而是基督徒们臆造了“神明的耶稣”。

多年来的科学研究成果表明，《圣经》中关于耶稣的传说多半属于虚构，迄今发现的所有历史资料都难以证明耶稣是一个真实的历史人物。在耶稣创建基督教的时代，各种史籍著作很少提到耶稣本人的生平事迹和创建基督教的详细资料。同时，记载耶稣故事的各种福音书是在基督教产生以后很久才陆续问世的。由于宗派斗争的需要，各教派纷纷根据各自的需要来编写福音书，按照各自的教派观点来描绘“救世主”耶稣的形象。所以，《路加福音》中的耶稣家谱同《马太福音》中的耶稣家谱大不一样，即使在同一本《马太福音》之中，关于耶稣的描写也是前后矛盾的，一会儿说耶稣是上帝耶和华的独生儿子，一会儿又说耶稣是大卫的子孙，足可见耶稣是一位基督教人为描绘出来的“神明的救世主”，在《新约全书》中，作者描绘的耶稣更是一位“天神”的形象，而与有血有肉的历史人物毫不相干。

学者们还进而提出：耶稣创立基督教的结论也是不能成立的。基督教并不是耶稣独创的，它是犹太教的一个分支。“耶稣”是犹太人中一个非常普通的名词，它是 Jesus 一词的希腊文音译，原意是“上帝耶和华拯救”，而“基督”（Christos）则是救世主的希腊文音译，它们两者是同一意义的宗教用语。在萌芽时期的基督教是社会下层平民狂热宣扬“天国”和“救世主”的群众布道活动，人们殷切盼望“救世主”能够从天而降来拯救苦难的民众。很显然，在这里人们把心目中幻想的“神明的救世主”赋以“耶稣”或者“基督”的称呼，是十分贴切自然的。至于每年 12 月 25 日的圣诞节，也并非耶稣降生的日子，而是上古以来犹太人为了在冬至日祝贺太阳复活而经常举行的祭祀太阳神生日的活动，基督教会只不过是把这个日子移植到“神明的耶稣”身上，久而久之就成了基督教庆贺的“圣诞节”。从宗教发展的历史过程来看，“圣诞节”是基督教产生 300 多年后才由各地教会逐步确定下来的。

基督教本是犹太教的一个新宗派，最早的基督教徒大部分是犹太人，因而各类福音书的记载自然受到犹太教的影响。《马太福音》中把耶稣说成是犹太国王的子孙，从而使这位“神明的救世主”具有合法的外衣。后来，随着基督教在世界各地的广泛传播，必须把耶稣说成是全世界各地民众的“救世主”。基督教既然已经接受了犹太教信奉上帝耶和华的“一神论”，所以基督教徒只得把耶稣说成是上帝耶和华的独生儿子。然而又产生了新的矛盾：广大教徒心目中的上帝是威严神圣而高尚纯洁的，不许与凡间女子生儿育女。于是，福音书的作者不得不绞尽脑汁编造出“童女玛丽亚尚未出嫁便受圣灵感应而怀孕”的说法。

耶稣是人还是神，还是子虚乌有？至今难以弄清。

耶稣是否被钉死于十字架上？

根据历史上的材料与传说，大致勾勒出耶稣其人的生平是这样的：相传生于犹太伯利恒，生年约为公元前6年，卒年约为公元30年。他在30岁左右在加利利和犹太各地传教，宣称天国将至，人们应当悔改，信他的必得救，不信者将被定罪。他抨击犹太教当权者，反对犹太教墨守成规，遭到犹太教上层分子的忌恨。在“逾越节”（犹太民族与犹太教三大节日之一，一般在公历3、4月间）前夕，被门徒之一的加略人犹大出卖，由犹太教大祭司的差役拘捕。后以“谋叛罗马”罪被送交罗马驻犹太总督彼拉多，在“逾越节”当天被钉死在十字架上。

十字架上的耶稣

如果真有耶稣其人，那么关于他的死，又是一个引起争论的问题。据《圣经·新约》中的“四福音书”记载，耶稣被钉死在十字架上3天后，重新复活，并一再在门徒面前显现，因此使四散的门徒重新鼓起勇气，聚集起来，获得了耶稣之死不是终结而是死而复活的信念。不过这种说法自近代以来一再引起人们的疑惑。早在1835年，德国青年黑格尔派学者大卫·F·施特劳斯就在《耶稣传》中指出“耶稣之死的真实性，不可能从他被钉十字架这一方面得到充分证明，而只能从他之复活缺乏证明予以说明。说耶稣还继续活着是没有历史资料可资证明的，但如果认为他真的死了，那也只好把他钉十字架之死认为是真的死了。”英国学者卡本特认为：“有关耶稣处死的情形，福音书的记述大都是为了显示其如何在细节上都实现了《旧约》的预言。”美国《圣经》文学专家莱肯指出：“耶稣被钉死在十字架上，完成了替人类赎罪的使命，是《新约》中福音故事的基础，也是整部《新约》神学思想的基础。”也有不少神学家和科学家用各种方法对意大利都灵大教堂的一块坟布（据说这块坟布曾包过耶稣的尸体）进行测试与检验考证其是真是假。

不过，在20世纪出版的两本书却引起了人们的极大兴趣，他们都另辟蹊径，对耶稣的身世作出了标新立异的解释。1982年英国德拉科特出版社出版的《圣族与圣杯》一书，由英国人H. 林肯、美国人R. 利以及新西兰人M. 贝京三人合作撰写。作者历经数年的实地考察及查阅了大批文献资料后认为：耶稣并不是一个被钉死在十字架上的救世主，而是一个觊觎以色列王位的犹太贵族，其娶了一个名叫玛丽·玛格达琳的女子为妻，并生有子女数人。因为参与贵族争权斗争遭到失败后，被迫流亡到高卢（法国古称）。为了防备政敌的谋害，他将妻子儿女留在高卢，并捏造自己被判刑钉死在十字架上的故事，自己只身潜返祖国。他的后代在高卢生活繁衍，并在公元5世纪时成为法兰克人墨洛温王朝的统治者。至公元11世纪末，耶稣的后裔参加了十字军东征，创建耶路撒冷拉丁王国的戈德费鲁瓦·德·布隆即为耶稣后代，关于耶稣家族的血统就被称之为圣杯——血统，它的秘密一直由秘密教会锡安山隐修会所保存。中世纪乃至近现代的一些文化界名人如达·芬奇、波义耳、牛顿、诺迪埃、雨果、德彪西、科克托等人都曾是该会首领。锡安山隐修会禁止普通教徒了解耶稣家族的秘密。作者甚至声称悬挂于天主教堂的圣母像，并非耶稣母亲之像，而是其妻玛丽·玛格达琳的画像。此书所披露的耶稣身世轰动了欧美，被西方书评界称之为“20世纪最有争议的著作”。该书至1986年便已连续印行了6版，仍畅销不衰。

与前书天方夜谭式的奇论不同的，是一位年轻的德国学者H·凯斯顿在1983年写出的《耶稣在印度》一书，提出了一种值得重视的说法。该书是作者自1973—1983年间数度在东方（土耳其、伊朗、阿富汗、印度）游历、考察和研究的结果。作者认为，耶稣在幼时为躲避罗马行省希律王的迫害，逃到了埃及的亚历山大城，并在那里学习佛教教义，12岁以后又到印度继续深造，10年以后（约公元6年）才重返故乡以色列，自称拿撒勒人耶稣，并从事创立基督教及传教活动，引起了罗马统治者的恐慌，后被总督彼拉多逮捕，判处受钉死在十字架上的刑罚。当耶稣被钉上十字架之后，受尽了折磨，为了营救他，有人暗中在送给他喝的酸酒中投放了麻醉药物，造成了耶稣的假死。后由富商约塞夫买通了当局和行刑者，得到了耶稣的“尸体”，并用解毒药拯救了他的生命，使其得以“复活”。耶稣治好伤病之后，曾多次在其门徒面前“显现”。此后便在叙利亚、波斯、土耳其一带秘密传教，直到16年之后，偕其母亲一起到印度克什米尔定居，以“约兹·亚萨夫”之名著称。据说曾到北印度、中国新疆等地讲道授经。以年逾八旬的高龄在克什米尔的斯利那加善终。至今斯利那加旧城中央仍保存着耶稣的陵墓，名为“先知约兹·亚萨夫之墓”。每年还迎来成百上千的香客朝圣。

耶稣其人其事，困扰了史学家2 000多年，现在依然继续困扰着期待解决问题的人们。

耶稣裹尸布确实存在吗？

相传，耶稣被他12个门徒中的一个叫犹大的出卖，在受尽折磨后被钉死在十字架上。耶稣死后，他的另一门徒约翰用一块裹尸布将其尸体精心包好后放在哥尔高扎的一个石洞墓里。3天后，几个去石洞吊唁的妇女发现耶稣复活了，这个日子后来成为基督教的重要节日——复活节。然而，就在耶稣复活后，他的那块裹尸布却不翼而飞了。

本来，这一传说带有明显的宗教神话色彩，人们当初并没有信而当真。然而到了1353年，居住在法国巴黎附近领地的夏尔尼伯爵突然宣称，他保藏着耶稣受难时的那块裹尸布。这一消息对基督徒来说，无疑是个极大的震动。遗憾的是，夏尔尼伯爵尚未说出裹尸布的来龙去脉就很快病故了，从而把这块裹尸布突然出现之谜也永远带进了坟墓。不过，对于一些基督徒来说，他们对这块裹尸布却是深信不疑的。

4年后（1357年），这块来历不明的裹尸布终于在夏尔尼伯爵领地利莱教堂的祭台上公开展出，吸引了大批朝圣者。当时法国基督教徒与天主教徒矛盾日益尖锐，裹尸布公开展出后，立即遭到当地天主教主教的反对，他们要求停止展出这块裹尸布，

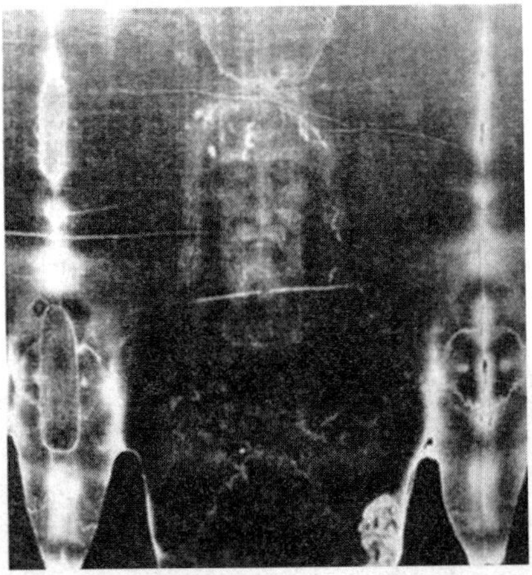

传说中的耶稣裹尸布

并断言它是赝品。1389 年主教的继承人在写给教皇的信中指出，有一个不知名的艺术家已经承认，所谓耶稣裹尸布实际上是出自于他手笔的艺术品。因此教皇克里孟特七世下达教谕，只允许在说明这块细亚麻布不是真正的耶稣裹尸布，而只是艺术品的情况下才能向基督教徒公开展出。但是，法国的基督教徒们无视教皇的教谕，他们认为那个不知名的艺术家是在严刑拷打下而被迫承认的。到了 15 世纪，萨伏伊公爵路易斯将裹尸布从利莱转移到著名的尚贝里大教堂。1532 年，尚贝里大教堂失火，裹尸布虽被抢救了出来，但因贮放的银盒融化，落了几滴在裹尸布上，使它遭到了一些破坏，同时消防用水也在布上留下了污迹，但布的中心部分依然完整无损。1578 年，裹尸布被迁往意大利北部的都灵，存放在都灵大教堂的圣坛上，时至今日。

由于社会上对耶稣裹尸布的真伪众说纷纭，1898 年，都灵大主教终于同意一批科学家对裹尸布进行考察研究。人们发现这块亚麻裹尸布上留有一个明显的影像——一个裸体、有胡子、留长头发的男人的图像，其大小同实际人体相等，死者的面容安详，其身体上留有鞭痕和钉痕，布上相当于死者的头、手、腰、足部位都有斑斑“血”迹。有人认为，裹尸布上的影像很像《福音》书上所描述的耶稣受难时的形象，并断定这就是大约 2 000年前约翰用来包裹耶稣尸体的那块圣布。同时，有历史学家试图通过历史文献证明耶稣裹尸布的存在及其真实性。例如，经英国历史学家威尔逊考证认为，耶稣当年受难时，耶稣的门徒确实曾用细亚麻布包过耶稣的遗体，这块裹尸布曾长期保存在耶路撒冷，后来它又传到了东罗马帝国的首都君士坦丁堡。而且据记载，13 世纪初一个叫克劳里的编年史家声称他本人于 1203 年在君士坦丁堡目击过耶稣的裹尸布。第四次十字军东侵时（1202—1204 年），君士坦丁堡被十字军所占领，当时一些十字军骑士也曾见过耶稣裹尸布，然而事后这块裹尸布就失踪了。有人猜测，1357 年在法国夏尔尼伯爵领地利莱教堂展出的耶稣裹尸布，就是十字军东侵时从君士坦丁堡窃运而来的。同时，这些相信者们还发现：裹尸布图像上的脸型、披肩的发式及胡子都属于公元初的犹太人型，并且，裹尸布上的形象与圣西娜山上叶卡捷娜教堂中的圣像有45处相似，而与查士丁尼二世时货币上的圣像有65处相似。在图像的眼部发现有公元1世纪铸造的钱币痕迹，这证明死者的时间是公元1世纪，与耶稣遇难的时间相吻合。然而，不信者们也有自己的理由。他们认为，裹尸布的人形属裸体形象，这与当时的习俗相违背，因为通行的耶稣受难形象是穿着希腊长衣，或者腰间束有大腿绷带。同时，他们还发现，裹尸布上的耶稣形象留有发辫痕迹，而中世纪的几乎所有圣像都没有发辫。由此，他们认为裹尸布是伪作。双方的争执持续了几百年。

1978年，为纪念裹尸布迁移都灵400周年，裹尸布再次举行了公开展出。各国科学家云集都灵，用各种现代科学方法对裹尸布作了实物检验研究。纺织学家发现。在古代中东地区常以亚麻布作尸衣、尸布，而这块亚麻裹尸布明显具有古代耶路撒冷地区的特征。同时，有科学家还发现在裹尸布上含有一些花粉，这些花粉大部分是属于生长在耶路撒冷的植物花粉。因此他们断定：裹尸布肯定有一段时期是在耶路撒冷保存过的。但是马上有人提出反驳，他们指出，花粉是可以随风飘荡或被鸟类带到很远的地方的。而裹尸布恰恰在几个世纪中被放在露天场上展出过，因此用花粉来证实裹尸布真实性的论点就有些靠不住了。于是，有人提出用放射性碳断代法来测出裹尸布的确切年代，以此来证明裹尸布确系公元一世纪的产物，但未能得到允许，因为用这种方法会破坏掉一部分原物。

正当欧洲的科学家们争执不下的时候，从大洋彼岸的美国却传来了不同的研究结果。

首先，科学家们提出了一个一致的结论，认为这块裹尸布不是一幅画，因为裹尸布上没有发现颜料的成分，至于裹尸布图像的形成，他们通过1532年的那场火灾所提供的线索得到了启发，断定这是由别人巧妙地用轻微的焦痕构成的。其次，通过对尸布上的“血”迹的研究表明，裹尸布上留下的“血”迹确系人血。但经分析发现，“血”迹部分拍摄的底片上呈白色，证明尸布上的血迹是阳性的，而人体影像却是阴性的，这说明尸布上的血不是来源于尸体，而是后来加上去的。因此，有些科学家断言，裹尸布上的耶稣图像是伪造的，这块亚麻布根本不是传说中的耶稣裹尸布。

然而，这是否就能用来完全解释裹尸布的奥秘呢？科学家们对有些问题至今不解：裹尸布上的图像是立体形的，但古代人是否能掌握立体成形技术？如果裹尸布上的图像是由焦痕形成的，那么要有怎样的烧烫技术才能绘制出这样一幅图像呢……这些都是谜。

基督教为何如此愤恨罗马皇帝？

生性坚毅的基督教徒长久以来似乎都与被誉为战神的密特拉神有着不共戴天的深仇大恨。公元 4 世纪后期，罗马经常发生下面这样的事：有一群怒汉突然冲进罗马人奉为神殿的朝拜场所，挥动斧头把壁画劈穿出一个个大洞，把看到的雕像打得粉碎；对神殿肆意亵渎后，又会动手把房子拆毁，直到将神殿变为一堆瓦砾才扬长而去。

约公元前 15 世纪，密特拉教开始在古波斯兴起。“密尔”（Mihr）是密特拉在波斯文的叫法，这个字不仅指太阳，而且还用来指朋友。由此看来这位异教的神既是至高无上的太阳神，又是爱神。然而到公元前 3 世纪初期，波斯帝国西部边区以穷兵黩武逞能的统治者，则把密特拉奉为战神，是保佑军人的百战百胜之神和武力之友。小亚细亚地区本他斯国的王公，甚至把自己称为特选的子民，认为密特拉已将圣光照临在他们身上。

可以推测，这些密特拉“特选”统治者的军队出征，于公元前 1 世纪初年把密特拉教传到欧洲。到公元 2 世纪，这种信仰已在罗马帝国各个角落传遍。公元 2 世纪末期，有好几位罗马皇帝积极鼓动广大人民对密特拉加以崇拜。他们之所以这么做，并不是仅仅为了宣扬宗教信仰，而是因为他们很快察觉到这种宗教对他们有利：密特拉教宣扬纪律、忠心、勇敢和自我牺牲，它使罗马帝国军队在长期的战斗中维持强大、屡战屡胜。

由于这一种信仰得到皇帝支持，因而得以很广泛地传播。

基督教拒绝尊奉罗马皇帝为神，而密特拉教信徒则对罗马皇帝言听计从，所以基督徒在罗马帝国被视为二等公民，仇视基督徒的皇帝以至暴民，只要愿意，随时可以对基督徒进行迫害。公元 313 年主客形势有了很大变化，君士坦丁大帝信奉了基督教，公元 4 世纪后半期罗马帝国的国教变成了基督教。从此以后（除 50 年后朱利安大帝统治时期，有一段短暂的时间企图恢复多神信仰外），这使异教的神坛一个接一个被毁掉，为当时人蔑视的密特拉教也就在这时灭亡了。通过 20 世纪 30 年代和 50 年代考古学家的发掘所得，我们知道大约在公元 400 年，基督徒将罗马阿文太恩山密特拉洞穴神坛严重捣毁。考古学家还发现阿文太恩山密特拉洞穴神坛被捣毁之后，一座长方形基督教堂盖在了原址上面，基督教终于在整个欧洲广泛传播。

看来，基督教宁死也不尊奉罗马皇帝为神的原因，除了与密特拉不能共侍一主之外，或许还有其他原因，这还有待更为深入的研究。

《古兰经》中的数字之谜

伊斯兰教经典教义《古兰经》，是伊斯兰教国家的最根本的立法依据。在阿拉伯历史上具有举足轻重的地位。它的内容涉及伊斯兰教的信仰和制度、社会问题的主张和规范、各种神话传说、不同教别教徒之间的精彩辩论以及穆罕默德的个人趣事等，涉及范围非常广。

在穆罕默德在世时，《古兰经》还没有编辑成册，只是一些零散记录。后来，穆罕默德的继任者艾卜·伯克尔叫人对它进行整理，并妥善保存，直到第三代哈里发奥斯曼时期，《古兰经》才算正式形成，称为“奥斯曼定本”，流传至今。《古兰经》的原文为古阿拉伯文，共有30卷，114章，6 200余节，现已出现多种文字的译本。

在阿拉伯文学史和伊斯兰教文化史上，《古兰经》的地位极为重要。长期以来，许多专家学者通过各种方法，从不同角度对它进行了研究。近几年来，又有人将《古兰经》的原文输入电脑进行分析，出现了许多令人注目的数据。其中最为奇妙而有趣的就是《古兰经》与数字“19”居然有着不解之缘，研究者们对它百思不得其解。

《古兰经》全书114章，而114正好是19的6倍。而且，经书的第1句话由19个字母组成，这19个字母形成“名——安拉——大仁的——大慈的”4个单词，在全书中“名”出现19次，“安拉”共出现2 698次，“大仁的”出现57次，“大慈的”出现114次，这些单词出现的次数，又恰恰都是19的倍数。

最早颁布的《古兰经》的经文是第96章，而此章按《古兰经》章次编排的顺序算，是倒数第19章，第1章由19节经文组成，共有285个字母，285又是19的倍数。此外这一章的第5节经文，由19个词组成。根据《古兰经》“奥斯曼道泉水”、“7重天”、“1000年”等，统计一下，这类数字在全书总共出现的次数为285次，而285是19的15倍。如果285次出现的数字各数相加，其和为174591，又是19的倍数。

类似上述《古兰经》与19的关系，经电脑分析数不胜数，这是一个非常有趣的现象。

在其他一些宗教信仰中，人们对数字也有着某些禁忌或是某些数字也充满了神秘色彩，而《古兰经》电脑分析的数据与19有着如此密切的联系，难道它也是某种宗教联系，抑或是纯属巧合？是后人研究的无聊话题，还是有某个不为人知的原因？对于这些人们无从知晓，人们把希望寄托于专家学者们不懈的研究。

历史上真有释迦牟尼其人吗?

佛教与基督教、伊斯兰教并称为世界三大宗教。佛教徒一直相信佛教的创始人是释迦牟尼。然而，释迦牟尼的生平并无可靠的史料记载，而只有佛教经典某些不连贯的充满神秘色彩的片断。由于佛经是在佛教产生很久后才编订的，即使剔除神话成分，有关释迦牟尼的记载在多大程度上接近历史真实也是大可怀疑的。因此在学术界就产生了两种不同的意见：一种认为历史上并无释迦牟尼其人；一种认为释迦牟尼是真实的历史人物。

莲花宝座上的释迦牟尼

前者认为，在佛教传说中，释迦牟尼完全是一个神仙。他在降凡之前是菩萨，即佛的候补者。在他之前曾有六个菩萨降凡成佛，他作为未来的第七位佛（“觉者”“智者”的意思）。有一日，他得知脱胎之时已到，便在离开天界前，召集了天神鬼众讲说佛法，并给他们介绍他的后继者弥勒（慈氏）。诸神为佛访寻降世的国家和脱胎之人。结果，选中了迦毗罗卫国，因该国国王净饭王是印度各邦中最聪明、最勇敢的王。王后摩耶“是妇女中的珍珠，以其绝色，而得中选”，成为脱胎之人。菩萨化作一头白象来入胎。王后在梦中感到白象用鼻子点了一下她的右身，便化为一股气进入她的腹中，她受孕了。分娩时，王后前往迦毗罗城外的蓝毗尼园，她右手攀着一株无忧树的树枝而立，从右胁下生出一小儿。这小儿生下就能行走，并精通所有书卷，熟谙各种故事和道理，知道行星的数目。他被名为悉达多。他生下七天，其母因快乐而命终升天。他由姨母瞿昙弥抚养。不久，老圣者阿私陀预言悉达多在家则为统治天下的“转轮圣王”，出家则成佛，并指出悉达多身上有佛所具有的种种体相，如顶上肉髻、眉间白毫、足下千辐轮相，等等。当悉达多随父去谒天祠时，所有神像拜伏在他面前，称他是“大智慧者”。其父为了引诱他放弃出家的念头，用尽了种种办法，为他建春、夏、雨季三宫，让他生活在粉黛之间，尽情享乐。成年后，又选了完美的女子与他成婚，不久，生一子名罗睺罗。但悉达多还是得到了出游散心的机会，神意使他看见了老人、病人和死人。人有生老病死的现实如无情棒喝，提醒他富贵欢乐的虚空幻灭，他决心出家。一天夜里他骑马出城，诸神帮他使守城卫士皆睡大觉，城门自开，四天王捧蓄马足，使他潜密无声地出城而去。出国境后，悉达多削发为僧，神为他送来隐士的衣服，从此他成为林中隐士，是年他 29 岁。出家后，他走苦行之路，先从两个沙门，后从五个比丘，苦行六年，身体衰弱，形同骷髅，一事无成，诸神为之担忧。但他此时已觉悟苦行无益，于是取食了一少女奉献的乳糜，并在尼莲禅河洗了个澡。与五比丘分手后，来到菩提伽耶这个地方，坐在菩提树下，开始审谛思维，以求解救大道。爱欲及死亡之神恐他道成，与己不利，便遣众魔军来袭，魔军的强攻和诱惑均被他战胜。他终于悟得大道，成为至上的佛陀，时年 35 岁。此后，佛陀到印度各地传道，收了众多门徒，行了许多奇迹。最后在他 80 岁时，在拘尸那揭罗的双树间入涅槃，火化后，许多国王来抢分舍利（佛的骨灰）。关于佛陀入涅槃的时间现有 60 多种说法，远的定在公元前 1027 年，近的定在公元前 370 年，相差悬殊。对于这种生卒年无法确定，行踪飘忽不定，生平活动既不见史籍记载，又没有文物遗迹作为佐证的传说人物，要说他是真实的历史人物，是难以令人信服的。

持相反意见的学者认为：佛经中关于释迦牟尼的生平记载，尽管有不少神话、传说，但也有不少历史事实，基本轮廓是可靠的。释迦牟尼的诞生地就在今尼泊尔泰米地区的梯罗拉柯提废墟。阿育王在释迦牟尼逝世 200 多年后曾在此立一石柱，说明此处是释迦牟尼的诞生地和埋有佛的舍利。石柱保留下来了，考古学者还在此挖到释迦牟尼的舍利坛。佛经记载释迦牟尼结婚也是历史事实，因为和尚是不许结婚的，可佛祖却结婚生子，给后来的佛徒带来一个尴尬局面。若非事实，佛经决不会这样写的。另外，他出家可能受当时社会上沙门思潮的影响，但一定有更深刻的内在原因。他苦思得道也符合当时印度宗教人士中流行的一种想法：精神可以突然发亮，豁然贯通，悟得至道。佛教的教义四圣谛、八正道、十二因缘等，这几系统的阐述显系后人所为，但教义的大体轮廓，可能是释迦牟尼提出。据此，可以说历史上真有释迦牟尼其人，而且他是佛教创始人。

揭开蒙在释迦牟尼头上的面罩，

还其本来面目，看来还有待学者们继续努力。

古耶路撒冷究竟在哪里？

耶路撒冷位于地中海东岸巴勒斯坦中部，是一座拥有5 000年历史的世界文化古城。历史上，这座城市曾18次被战火夷为平地，但因其被公认为三大宗教圣地之一，故又被一次次地重建起来。但是，近些年来，西方一些学者对这座城市的原来位置提出了质疑：古耶路撒冷在哪里？众多学者一直以来对此争论不休。

黎巴嫩贝鲁特美国大学历史和考古系主任、历史学教授卡马勒·萨里比就是一位持有独特见解的代表者，他认为耶路撒冷是在沙特阿拉伯境内，而不在古代的巴勒斯坦境内。他在《圣经诞生于阿拉伯半岛》一书中明确指出，上帝赐给犹太人的“流奶滴蜜之地”，实际上位于在今沙特阿拉伯境内从麦加到沙特—也门边界附近的红海之滨的一条长约320千米的狭长地带内，连同古以色列的大卫和所罗门王国及第一圣殿都在沙特阿拉伯境内，也就是现在的阿西尔省和希贾兹省。他运用语言学方法，对沙特的镇和乡村地名进行了广泛的调查，并将它们与《圣经》上记载的12个地名对应比较，以此来修正地理位置。他用了整整5年时间比较、分析阿拉伯半岛上一些非阿拉伯语地名，得出阿西尔省、希贾兹省内有些村庄名称很像《旧约全书》中的主要地名。如《圣经》中的希布伦就是基里班的阿西里村，也即亚伯拉罕墓地；而锡安山则在今天的阿人哈西边的西以安山村。萨里比说，据考古学家们考证，在离这个村80千米远的阿尔瓦·萨拉姆地下，保存着所罗门王国时代的古都耶路撒冷，发掘阿西尔土地将会再现以色列遗址。

而另一位美国学者、东方研究院院长、宾夕法尼亚大学考古学家詹姆斯·索尔则持相反的观点。他认为在《圣经》中说的地方就是希布伦和耶路撒冷，考古学家已经用大量事物证实了这一点，如果用简单的语言分析法来推翻历史学家和考古学家的结论，这是不严肃、不科学的。他说：“古希伯来语和阿拉伯语都起源于同一种闪米特语族的语言，而就两者均无元音仅用辅音来说，我敢打赌，人们能在远至埃及、甚至非洲找到同样的地名。这就可得出结论说，其实古耶路撒冷是在内罗华。”

但萨里比坚持认为自己的看法正确，甚至预言“在未来的10年或20年中，将见分晓”。对此人们不能抱乐观的态度，因为在阿拉伯与以色列世界之间领土争端不断的情况下，要用事实来证明萨里比的见解，完全是不可能的。

在两家的不断争论中，这一问题

已引起了更多学者的兴趣。已有越来越多的学者开始着手从不同角度研究这座古城历史中的发展变迁。也许古耶路撒冷在沙特阿拉伯境内，也许如詹姆斯·索尔所说，还有个不为人知的所在，随着调查研究的深入，也许有一天这个问题会真相大白。

哪里才是拜火教的发源地？

公元 6 世纪，我国南北朝时，从中亚传来一种宗教，这种宗教宣扬神有善恶二神，人们要崇奉善神，礼拜圣火（善神的象征），故在我国被称作拜火教，或祆教。古希腊人则称它为琐罗亚斯特教。该教在古代曾是波斯帝国的国教，盛行于西亚和中亚广大地区，对犹太教和基督教的形成都产生过影响，现今仍流传在伊朗、印度和孟加拉的少数地区。但是，它最初的发源地在哪里呢？

根据传说，拜火教的创教者是伊朗先知萨拉苏什特拉（意为“像老骆驼那样的男子”，希腊语名琐罗亚斯特）。他出生在米底地区埃利阿那——瓦伊觉的一个牧主家庭，父母名叫波鲁沙斯巴和杜哈丹。他 20 岁时开始弃家隐居。10 年后，发生一件对他人生有决定意义的事情：在其家乡的丹莱西河岸，阿沙斯巴德·沃赫——麦诺（意为“美好的思想”）找到他，把他领到众神之王那里。他经过和神的交谈，接受神的启示后，开始传教。但因遭到“谎言的追随者”即当地祭司们的极力反对，10 年之内只收了 7 个门徒。于是，在善神阿胡拉——玛兹达的引导下，他来到大夏国王维什塔斯普的宫廷，经过 2 年，克服了重重阻力，终于使这位国王皈依了他的宗教。这时，萨拉苏什特拉已 42 岁了。此后他的学说得到迅速的传播，教徒遍布整个伊朗。他在晚年进行了对异教徒的频繁的“圣战”，最后在一次战斗中被名叫杜尔——伊——帕拉达拉格的人杀死，终年 77 岁。萨拉苏什特拉去世后，人们把他的言论辑录成书，这便是拜火教的圣书——《阿维斯塔》。

由于历史上的多次战乱，《阿维斯塔》几经浩劫，直至公元 3 世纪波斯帝国萨珊王朝时才最后修订成本，因此对于上述有关拜火教的起源传说，人们就两个密切相关的问题提出质疑，并进行了争论：①萨拉苏什特拉是否是真实的历史人物？②拜火教的故乡是否在伊朗？

在古波斯国王大流士一世著名的贝希斯敦铭文中，善神阿胡拉——玛兹达被说成是国王的庇护神，但萨拉苏什特拉的名字却未出现。古希腊历史学家希罗多德写了希波战争史，曾历数米底和波斯的远古历史。却没有提及琐罗亚斯特。另一位古希腊历史学家色诺芬，曾于公元前 5 世纪末参加希腊雇佣军对波斯进行的远征，并根据亲身经历写了《远征记》，其中也同样未提琐罗亚斯特的名字。因此，有人认为萨拉苏什特拉只是一个传说中的人物，历史上并无其人。

另一些希腊作家，如萨尔迪斯人克珊索斯（生年比希罗多德稍早）、赫尔密波斯和克捷西，却又提到了琐罗亚斯特其人。他们的著作虽已失传，但在后来的希腊、罗马作家的一些作品中仍保留少量被摘引的残篇。因此，有人认为传说中的萨拉苏什特拉是个真实的历史人物。据他们考证，《伽泰》（《神歌》）是《阿维斯塔》的最古部分，其写成的时间最迟不会晚于早期阿黑门尼德王朝时期；萨拉苏什特拉寻求庇护的维什塔斯普不是大夏国王，而是大夏总督、大流士的父亲希斯塔斯皮兹。因而推断萨拉苏什特拉的生年大约在公元前7—前6世纪，或者更早，西方有的东方学家甚至更精确的说明是在公元前660—前583年。

根据萨拉苏什特拉出生和传教的地点，有的人认为拜火教的发源地在米底（伊朗西北部），有的则认为在大夏（属中亚，今阿富汗境内）。《剑桥古代史》说，“波斯宗教中的最伟大的人物和波斯王族世家不是来自同一个地区”，“琐罗亚斯特活动的舞台实际上不在波斯本土：根据这种理论，它在米底；据另一种理论，则在大夏；它也可能包括这两个地区”。鉴于大夏曾是波斯帝国的东部行省，因此司徒鲁威认为琐罗亚斯特教的发源地在伊朗东部，“是在东伊朗部落对米底及波斯奴隶主贵族进行斗争的条件下产生的”。

也有的人认为传说中有关萨拉苏什特拉出生与传教的地点不可信，提出：拜火教的发源地是现今苏联境内的中亚地区。有的说，拜火教“产生于居住在中亚塔吉克领域上的部落中”。有的更具体地说在花拉子模（阿姆河下游）：在该地进行考古发掘时，曾发现公元前1000年代初名为“有可以居住的墙的古城”的居住地，这种居住地可供数千人之多的整个部落居住，居民从事畜牧业和农业，它很像《阿维斯塔》中记载的名为“瓦拉”的居住地。在花拉子模居住地还发现有最古“火宫”的遗迹。传说认为，拜火教的“圣火”最初是在这里点起来的，因此花拉子模可能就是‘阿维斯塔’中所记述的那个名为“埃利阿那—瓦伊觉”的地方，而在那里阿胡拉—玛兹达就是萨拉苏什特拉。保存在《阿维斯塔》中的关于神奇国土“埃利阿那—瓦伊觉”的叙述，完全与花拉子模的地理条件相符合。

此外，还有的人认为拜火教的发源地在外高加索。所以拜火教的发源地是个谜。

文化谜题

WEN HUA MI TI

巨石阵遗址是天文观测仪器吗？

在英国古老而广漠的平原上，矗立着许多奇特的巨石建筑，它们经历了几千年的风雨洗礼，也见证了人类历史沧海桑田的变迁。这片建筑被人们称为“古代巨石阵遗址”，它也是令人难以破解的世界之谜。

神秘的巨石阵遗址

根据科学家实地考证，巨石阵最早建于约公元前2800年的新石器时代后期，那时已建成了圆沟、土冈、巨大的踵石和“奥布里坑群”的巨石阵的雏形。约公元前2000年，巨石阵建筑的第二阶段已基本完成了。蓝沙岩石柱群和长长的通道是这一阶段的主要建筑。最为重要的是巨石阵的第3期建筑，时间大约在公元前1500年，这时沙石圈和拱门已建成，巨石阵已全部完工，这就是人们现在所看到的雄伟壮观的巨石阵遗址的全貌。很重要的一点是，整个巨石阵的工程需要150万人工，而整个建筑遗址中，始终找不到用牲畜和轮载工具的痕迹。

几百年来，人们一直被神秘的巨石阵遗址困扰着，然而为了将巨石阵的谜底揭开，有众多的科学家投入到了这方面的研究。1126 年，英国史学杰弗里编写的《中世纪编年史》是关于巨石阵的最早纪录，认为巨石阵是由亚瑟王的谋臣梅林用魔法从爱尔兰运到英格兰作葬地材料用的。

对于巨石阵的研究，几百年来一直没有停止过，然而人们始终没有搞清巨石阵原先的建造目的究竟是什么。以往的考古学家大多数认为：巨石阵是举行祭祀活动的宗教场所，或是当时英格兰早期居民的基地。“奥布里坑群”里发掘出的人类遗骨能够有力地证明这种观点。但是，类似这样的巨石阵分布在地中海沿岸，其中主要是英国和法国的广大地区，这又说明它们不可能都是祭坛或墓地。

另有一些天文学者认为巨石阵是远古时代的天文观测仪器，这种观点比较令人信服。的确，巨石阵的神秘色彩与天文学有着不同寻常的联系。巨石文化专家阿特金森指出：当时蒙昧落后、没有任何先进计算工具的史前人类建造出如此精密的天文仪是不可能的。英国天文学家霍伊尔提出反对意见：作为天文观测仪的材料为何不用轻便的材料和泥土，而使用难以开采的大砂岩？这样不是要耗费大量的劳力吗？而且奥布里坑群中的人类遗骨与天文学也很难联系起来。况且，如果是高度发达的史前文明的结晶，为什么又消失了呢？人们因此又回到宗教这个传统观点上去，甚至有人认为巨石阵与外星人有关。

英国巨石阵遗址究竟是进行祭祀活动的宗教场所？还是古人用来观测天象的天文观测仪？还是外星人在地球活动的遗迹？抑或是其他？对于这些，人们目前都无从知晓，也许它将永远是个谜。

埃及金字塔的建造之谜

世界著名建筑奇迹之一的埃及金字塔迄今为止已有5 000年的历史了，然而它却依旧岿然不动，傲然屹立于尼罗河岸。其建筑全用巨石砌成，石块之间无黏合物，各石块相互叠积。后人对这一建筑奇观进行了无数次的研究，终不得其解。

有关金字塔是如何建成的这个问题在近现代引起了学者们强烈的兴趣，但说法各异。

一般认为是这样建造的：首先采石，工匠们把加工过的平整光滑的巨石用人或牛拉的木橇运往现场。可是，他们又是如何把一块块巨石一直垒到 100 米以上的高度呢？据传，工匠们先把地面一层砌好，然后堆起一个与第 1 层一样高的土坡，这样，就可以沿着土坡将石块拉上第 2 层。以此类推，等到塔建成后，再将土坡移走，让金字塔显露出来。这些金字塔的建成，充分显示出建造者已经掌握了相当丰富的物理学和数学知识，表现了古代埃及劳动人民的聪明才智。

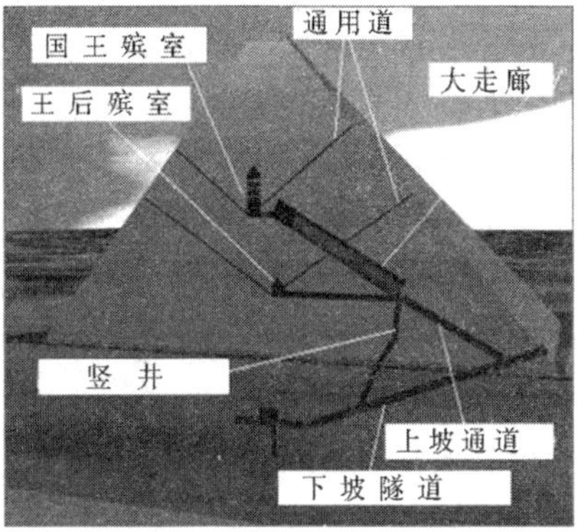

胡夫金字塔内部结构图

对于埃及人建造金字塔的巨石是用天然石块加工而成，还是另有别的制法，有专家对此做了深入研究。法国化学家截维杜维斯认为，建造金字塔的巨石不是天然的石块，而是人工浇注而成的。为此，这位科学家进行了一些实验，他对从金字塔上取下的小石块逐个加以化验。化验结果表明，这些石块是由人工浇注的贝壳石灰矿组成。他又据此推测，当时埃及工匠建造金字塔时，很有可能先搅拌好混凝土装进筐里，再抬上正在建造中的金字塔。

胡夫金字塔这座最高的金字塔至今仍被一层神秘的面纱笼罩着。有些科学家经过研究后得出许多有趣的数字：胡夫金字塔的塔高乘上 10 亿所得的数，大致等于地球到太阳之间的距离；穿过大金字塔的子午线，把地球上的陆地、海洋分成了相等的两半；如果用 2 倍塔高去除底面积等于圆周率 3.14159。

为了揭开披在金字塔身上的神秘的面纱，1978 年 3 月，日本早稻田大学古埃及调查室组织了一支考古实验队，采用模拟古代埃及人造塔的方法，在古塔的前面建造了一座新塔，其规模相当于原塔的 1/4。首先是如何采石？实验队在石面上凿出连成点线的小孔，然后打进木楔子，通过不断敲击直至产生裂缝。而且，至今在阿斯旺采石场上，还可找到残留有木楔子痕迹而未切割下来的石料。由此可见，这个办法最可能与当年的方法相符合。石块又如何搬到现场呢？他们以木橇载着石块，用人力牵引，慢慢运至工地。最后，实验证实了古埃及人在没有现代化机械起重设备的条件下，仍然可以把一块块巨石砌上去，直至墓室最上一层的三角形尖顶。

有关金字塔的研究仍在进行着，世界上各国的专家们都联合起来致力于人类这一难解之谜的破译工作。2002 年 10 月份，科学家们又一次用高科技手段向世人展示了埃及金字塔的神秘，门后有门，让现代高科技也束手无策，又一次进入金字塔墓内的计划搁浅了。一次次的失败并没有使人们失去信心，“埃及金字塔建造之谜”终有一天会在世人面前显露真相的。

狮身人面像制作谜题

被誉为世界七大奇观的埃及金字塔，每天都要迎送从世界各地来这里游览观光的旅游者。为了让游人充分领略埃及古老灿烂的文化，埃及政府每天都在毗邻金字塔的狮身人面像的广场上举办“声与光”的文艺节目。演员们用英、法、德和阿拉伯语轮流演出，五彩纷呈的光柱，优美动人的诗句，雄浑回旋的乐章，使人们如痴如醉，流连忘返。特别是广场上巍然屹立的身高 22 米，长约 57 米，耳朵长 2 米的狮身人面像，更激起人们的赞叹和惊奇。一块天然巨石，竟然雕刻成如此栩栩如生的雕像，真是鬼斧神工。由此也给人们带来一个问题：这一奇迹是谁最先发现和制作的？

狮身人面像

围绕着这个问题，世界上许多历史学家、考古学家，或埋首典籍，或遍访民间，或实地考察，努力揭示这一奥秘，然而纵观他们得出的结论，却又是各执一端，众说纷纭。其中有代表性的有以下几种说法。

有些学者认为，狮身人面像是妖魔斯芬克斯的塑像，其依据是流传埃及以至全世界的一则民间故事。相传在远古时期，在埃及忒拜城外，巨人堤丰与妖蛇厄喀德娜同居后，生下一怪物，他有美丽的人头，但却是狮子的身躯，并长有双翅，取名斯芬克斯。斯芬克斯从智慧女神缪斯那里学会了许多深奥的谜语，生性十分凶残的斯芬克斯便以此来残杀百姓。他整年日夜守候在悬崖峭壁之间，或是通衢大道路口，强行挟持过路人猜出他所叙述的谜语，如果猜不出，他立刻就将这些人撕裂成碎片吞食，结果无数无辜身遭其害，就连国王克瑞翁的儿子也惨遭厄运。一时间，人心惶然，为了铲除这个恶魔，克瑞翁国王下令：如果谁能够征服斯芬克斯，他就将自己的王位禅让给他，并可以娶王后为妻。重赏之下，必有勇夫，希腊有位名叫俄狄浦斯的青年揭榜应征。当他找到斯芬克斯，斯芬克斯就出了这样一个谜语：“能发出一种声音的，在早晨用四只脚走路，中午用两只脚走路，晚上用三只脚走路，在一切生物中，这是惟一的用不同数目的脚走路的生物。脚最多的时候，正是速度和力量最小的时候。这是什么？”俄狄浦斯略加思索，立即回答说：“这是人呀！小孩的时候，是生命的早晨，小孩刚开始学走路的时候，是用两手两脚爬行，这就是‘在早晨用四只脚走路’，虽然脚最多，却‘正是速度和力量最小的时候’。长大后，成为壮年，用两只脚走路，这是生命的中年。但到了年老体衰的晚年，走路需要扶持，因此需要拄着拐杖，以拐杖作为第三只脚。”

正确的答案使斯芬克斯因失败感到羞愧而无地自容，为了赎罪，他跳崖自杀了。国王克瑞翁除了兑现自己的诺言外，还为了让人们记住这个恶魔，便在斯芬克斯经常出没的地方，也即今天狮身人面像的所在地，用块巨石刻上斯芬克斯的形象，这就是狮身人面像的由来。

有些学者认为，狮身人面像是巨石天然风化而成，并非是什么人的发现和事后雕成。他们援引这样一件事：3 400 年前，当时埃及年轻的王子托莫来到基隆，即狮身人面像今天的所在地狩猎，因奔波了一整天，他觉得十分疲劳，便在一座沙丘上休息，没过多久，酣然入梦，梦中他见到一怪物，有着人的头，但却是狮子的身躯，这怪物对王子说：“我是伟大的胡尔·乌姆·乌赫特（古埃及人崇拜的神，意为神鹰），泥沙盖住了我的身躯，如果你能去掉我身上的泥沙，我将封你为埃及的国王。”王子惊醒后，立刻调集大批民工，昼夜挖掘，沙尽石出，就是今天的狮身人面像。

有些学者则认为，上述观点的佐证均来自民间口碑资料，口碑资料虽然生动感人，但上下沿袭，真伪并存，不足为信。他们根据史籍记载，提出首先发现并制作狮身人面像应该在距今约4 230多年前，当时的埃及国王是哈夫拉。这一年正逢金字塔刚刚竣工，为了巡视金字塔建造后的情况，他亲临建造工地。巡视过程中，当发现工地采石场上还有一块巨石被丢弃一旁未被使用时，国王哈夫拉颇感可惜，马上下令在场的工匠按照他的脸型，雕刻成一座狮身人面像，以资纪念。

经过多年的努力，工匠们终于完成了任务，造就了这座世界上最大的狮身人面像，石像脸长 5 米，头戴奈姆斯皇冠，额上刻着“库伯拉”圣蛇浮雕，下颌雕有象征帝王威严的长须，在阿拉伯文中，它被称为“恐惧之神”，是一种君主威严与权力的象征。

最近美国考古学家又提出一种新观点，这就是狮身人面像既非克瑞翁下令以斯芬克斯的容貌所雕成，也非王子托梦发掘而面世，更不是哈夫拉发现并以自己的脸塑就。因为根据他们的考察，这座狮身人面像大约在 1 万年之前就已建造成功，比历来史书所记载的要早5 000年。在考察报告中，他们还说，狮身人面像的身体和头部大约在 1 万年前建成，5 000年后，法老凯夫伦完成了狮身人面像的背部，并用自己的面孔造型替代了原来的面孔造型。这一新的发现引起了世界史学界和考古专家的重视和关注。

埃及的狮身人面像本来就谜团重重，例如说它曾在4 000多年前突然失踪，它的鼻子至今下落不明，每天清晨从它的身边发出令人莫测的歌声和泣声。如今谁是它的首先发现者和制作者又成了学者专家们争论不休的“热门话题”，真可谓一波未平，一波又兴。

撒哈拉岩画之谜

撒哈拉沙漠地域辽阔，浩瀚无边，塔西里·阿杰尔高原犹如卧在沙海中的巨礁，打破了大漠单调呆板的景色。在狂风和烈日的侵蚀下，这里到处是蘑菇状的石柱、迷宫般的峡谷和参差的山崖。每走一步，脚下的岩石就在不断裂开，仿佛一不小心就会滑落山谷似的。然而从 1850 年以来，却有不少探险家在这荒凉干旱、人迹罕至的沙漠深处，发现无数远古人类留下的色彩斑斓的岩画。现在，这里甚至已经成为举世公认的世界上最大的史前博物馆了。

撒哈拉岩画是一座神秘的艺术宝库，它细致而生动地向我们描绘着远古时人类生活、劳动和战争的场景。有的画面呈现出一派安静祥和的田园风光：在椭圆形的小屋前拴着一排小牛犊，牧人们披着晚霞，赶着一大群膘肥体壮的水牛蹒跚归来；妇女们抱着孩子坐在门前，迎接辛苦劳作了一天的亲人，而活泼好动的孩子们则在牛群中嬉戏玩耍。有的画面好像是描述人们为了庆祝丰收而在载歌载舞的场景：一位妇女头戴弯月形的头饰，全身跳舞的装束，正在一片玉米田前兴高采烈地翩翩起舞，臂肘上的穗带随风飘扬。有的岩画描绘了猎人们狩猎时的情景：一些人健步如飞，正在草原上追逐猎物；一些人正弯弓搭箭，瞄准受惊狂奔的野兽；另一些则划着独木舟，在河中捕捉河马。有的岩画上，人们席地而坐，双臂高举，两手合一，仿佛在向神灵祈祷，这无疑是宗教活动；有的渲染了战争场面，对峙的双方驾着飞驰的战车，手执长矛和圆盾，正在进行激烈的生死搏杀。

根据考证，塔西里·阿杰尔高原最古老的岩画距离现在大约有八九千年了。那时的撒哈拉沙漠并不是渺无人烟的“死亡之海”，而是一片苍翠茂盛的树林。

然而渐渐地，往日稠密的树林不见了，只有稀疏的小树点缀着茂密的草原。这里的气候越来越干旱，最后就连稀疏的小树林也不复存在，变成了一望无际的满眼黄沙。

让现代人不明白的是，远古时代

的人们，为什么要如此煞费苦心地在悬崖高处创作出这么多的绘画呢？仅仅是为了装饰吗？显然不是。这里的许多岩画是在原来的岩画上无秩序地重复描绘，而且后期的绘画水平也大不如前。早期作品中洋溢的淳朴自然的风格消失了，认认真真的“创作态度”也不见了。奔跑动物的脚下不画蹄子，耳朵又漫不经心地画在背上。从内容来看，岩画大多表现人们狩猎、战争、舞蹈、放牧等生活场景，却从来不描绘周围优美的自然风光。这是不是表明，远古人类留下的这些岩画，可能是为了举行某种宗教仪式，或者是为了纪念某一次战争胜利、狩猎的成功？

关于这些岩画的作者是谁，也有不同看法。

一些学者认为他们来自欧洲。无论是从岩画绘制的时间，还是从绘画所表现的主题来看，撒哈拉岩画与欧洲、埃及的岩画十分相似。可见，岩画的作者一定是来自欧洲或北非的白人。当这些到处漂泊的欧洲移民来到草木繁茂的撒哈拉草原后，就把这里作为自己理想中的家园。他们定居下来，生息繁衍，并且留下了这么多精美的岩画。

但有人对此观点不敢苟同。他们指出：画面上的人们有的在背上和腹部涂上不规则的白色斑点，有的戴着奇怪的羚羊头形面具，这些风俗习惯却不是欧洲所有，却至今还能在西非的黑人部落中找到。而且，人们后来又在塔西里·阿杰尔高原发现了一具古代遗骸，最终鉴定为黑人。这样看来，很可能就是黑人创造了撒哈拉岩画，只是后来由于土地的日渐荒芜，他们被迫迁徙他方。但这一说法同样证据不足，从而难以服众。

吴哥城的传奇

千百年来在印度支那半岛的高棉地区生活着的土著人中间流传着这样一个传说：在高棉内地的金边湖地区，到处都是幽灵与毒物，如果有谁冒犯了这些幽灵，谁便难逃厄运。据说，这些幽灵就住在金边湖旁边的一座空无一人的古城堡里。这个城堡就是今天人们所知道的吴哥城。

1861年，法国生物学家亨利·墨奥特来到法国领地印度支那半岛的高棉，他此行的目的是为了在这里寻找珍奇蝴蝶的标本。为了能够深入高棉内地，墨奥特雇请了4名当地土著充当随从，走进了一大片阴暗深沉的丛林区，他的心中挂念的只是能捕获一只品种罕见的蝴蝶。当他们沿着湄公河逆流而上时，一路上优美的风光和珍奇的动物让墨奥特开足了眼界，这些激发了墨奥特继续探寻下去的兴趣。

在这种蛮荒的地方搜寻了5天，墨奥特什么也没有发现。懊恼的墨奥特只好率同仆从准备返回，然而，就在他们准备返回的时候，5 座石塔出现在他们的眼前，传说中的城堡找到了。它的确如人们所说的那样空无一人，但是它却并非是传说中所说的供幽灵居住的城堡。

这个城堡就是举世闻名的吴哥城，吴哥城的古名叫禄派，是古蔑帝国的首都。古蔑帝国是一个有次序有法律的民族，繁荣时期其人口总数达到了 200 万，他们具有高超的建筑技术，吴哥城就是其最伟大的建筑之一。

吴哥城东西长 1 040 米，南北长 820 米，是一座雄伟庄严的城市，几百座大胆设计的宝塔林立，周围更有宽 200 米的灌溉沟渠，好像一条护城河，守卫着吴哥城。建筑物上刻有许多仙女、大象及其他浮雕，其中，许多头像尤为壮观雄伟。在这座古城里，寺庙、宫殿、图书馆、浴场、纪念塔及回廊一应俱全。

吴哥城遗址

吴哥城的泯灭始于 1431 年的一场战争。这一年，罗马人以 7 个月的时间攻陷了吴哥城，搜刮了大批战利品。第二年，当战胜者再次来到吴哥城时，却目瞪口呆的发现这里已经成了一座空旷的无人城，不但看不到半个人影，连畜生都不见踪影。这些人究竟到哪儿去了呢？没有人知道，也没有任何记载能够告诉我们这座城市空旷下来的原因。

于是猜测纷纭，有人认为可能是一场可怕的传染病侵袭吴哥城，大部分居民都相继死亡，侥幸生存者将死者焚毁以避免感染，然后怀着哀伤的心情远走他乡；也有人认为吴哥城爆发了一场大规模的内乱，国民互相残杀，所有的人都被杀戮一空，然而，这种说法的一个最大的破绽在于这里没有一具尸体留下。甚至有人猜测，也许是罗马人攻占了吴哥城后将所有的居民强行带到某地去做奴隶，但是，即使这样，吴哥城也会有老弱病残和儿童留下。

究竟是什么让吴哥城就这样成了一座空城呢？也许进一步的考察能给我们一个答案，也许我们永远也找不出这个答案。

“空中花园”之谜

许多年来，巴比伦“空中花园”一直与埃及金字塔、希腊奥林匹亚山宙斯神像、小亚细亚半岛以弗城阿尔泰密斯神殿、小亚细亚哈利卡纳苏城摩索拉斯王陵、地中海罗得岛太阳神巨像以及法罗斯岛亚历山大城灯塔一起，并称为世界“七大奇迹”，它的美丽使无数人浮想联翩。

相传，新巴比伦王国国王尼布甲尼撒二世（公元前 605—前 562 年）曾经娶了一位美丽的王妃。王妃名叫塞米拉米斯，家乡在树木葱郁的北方山国米底（也有人说是波斯）。她来到巴比伦后，对这里炎热的气候、飞扬的尘土以及广阔单调的平原很不习惯，常常思念故乡青翠的山野之色，终日郁郁寡欢。为了博得王妃欢心，尼布甲尼撒就下令在巴比伦城中建起“空中花园”。花园采用立体造园手

“空中花园”想象图

法，有一百多米高，平台之上栽植各类树木、花卉，远看犹如花园悬在空中。为了灌溉便利，专门设有水管。花园底下曲径相通，上面平台则分成四层，层层相叠。每一层上都用大理石筑成小径，两旁种上各类奇花异草。在树木掩映、鲜花锦簇之中，王妃可以尽情享受大自然的乐趣。在花园旁，每天有上百名奴隶轮流推动水轮，将幼发拉底河水化作灌溉花园的涓涓细流和喷涌的泉水。据说即使在一百年之后，空中花园依然美丽动人，使人仿佛置身仙境，令人赞叹不已。

但令人不解的是，这座神奇壮观的花园在当时却颇受冷落。在许多著作中，甚至根本没有提到它的名字。曾被誉为“历史之父”的希腊人希罗多德在西亚旅行时，对巴比伦城的繁荣羡慕不已，并感叹“它的壮丽远远超过了世界上的任何城市”。在自己的书中，他对巴比伦金碧辉煌的宫殿和神庙、精美绝伦的浮雕和装饰、纵横交错的街道、鳞次栉比的房屋以及商贾云集、商船如织的兴盛场面作了仔细的描绘。他赞美巴比伦的城墙可称得上是世间一绝，坚固而且宽阔，足以容纳两辆四马马车对面行驶；他甚至称赞城墙同时又是一件难得的艺术品，墙上镶嵌着一幅幅雄狮或神龙的浮雕，线条刚劲有力，栩栩如生。可在这本书中，他唯独没有提及空中花园。另一位著名的历史学家、罗马人色诺芬也曾多次到过西亚，可他在书中同样只赞美了巴比伦城墙的雄伟，对空中花园只字不提。而第一位提出举世瞩目的“世界七大奇迹”的罗马作家普利尼，也是偏爱巴比伦城墙而忽略了这座迷人的花园。甚至连曾经在巴比伦建都的亚历山大大帝，似乎也对空中花园的美丽不感兴趣，

对它避而不谈。

所以，现在有不少人提出，名闻遐迩的空中花园其实并不在巴比伦，而是在北方亚述帝国的首都尼尼微。当然，建造空中花园的也绝不可能是巴比伦国王尼布甲尼撒二世，而是比他早100年的亚述国王辛那赫瑞布。这是真的吗？

考古学家们曾经在巴比伦城的东北角发现了一座圆拱形的建筑和几口水井。这是不是传说中的空中花园的遗址？要作出结论显然太早了。而且，从城中发现的一些有关尼布甲尼撒的铭文中，也没有找到兴建空中花园的记载。而在尼尼微，亚述人似乎很早就有在城中修建园林以供游玩和打猎的习惯了。在有关亚述国王辛那赫瑞布的许多铭文中，就多次提到他在尼尼微城中建起一座美丽的花园，并把城外的河水引入园中浇灌花木。辛那赫瑞布的后代也常常提到，他们常在尼尼微的人造山形花园中捕杀从笼子里放到园中的狮子和野驴。不仅如此，在尼尼微遗址中还发现了许多浮雕图案，上面描绘的可能就是空中花园。

另外人们注意到，在尼布甲尼撒二世死后，仅仅过了23年，显赫一时的新巴比伦王国就被波斯人的铁蹄踏得粉碎。波斯人在占领巴比伦城后不久，就改变了幼发拉底河的河道，河水从此再也不从巴比伦城外流过了。这样，即使空中花园确实在巴比伦，园中的花草树木很快也会因为缺水而枯萎，百年后的人们怎么可能看到依旧苍翠的空中花园呢？尼尼微的花园就不是这样。在一些浮雕中，我们可以清楚地看见，亚述人不仅用水泵抽水浇灌花园，还用水槽将山泉引入园中。那样，即使无人浇灌，花园也能在百年之后依然保持昔日风采。

也许，由于亚述和巴比伦这两个国家说同样的语言，有着相似的文化传统，而且亚述人曾经统治过巴比伦，难免会使人产生错觉，把亚述和巴比伦、巴比伦城和尼尼微混为一谈。而一些人以讹传讹，无形之中毫不费力地把空中花园从尼尼微搬到了巴比伦。

当然，在事实根据还不充分的情况下，空中花园究竟是在巴比伦还是在尼尼微，还是一个难解之谜。

《伊索寓言》的作者是伊索吗？

伊索和他的作品在世上广为流传。大哲学家柏拉图曾说他的老师苏格拉底于公元前399年在监狱中把伊索寓言改成韵文。《狐狸和刺猬》的故事曾出现于百科全书式学者亚里士多德（公元前384—前322年）的《修辞学》中。大雄辩家德摩斯梯尼（公元前384—前322年）曾用《狼与小羊》的故事劝说雅典人不要把他出卖给腓力普。演说家摩特里乌斯·法莱里乌斯（约公元前345—前283年）曾分10册将他所收集的寓言出版。奥古斯都时期的自由民费德鲁斯用拉丁文把寓言改写成诗体。亚历山大·塞佛鲁斯大帝的儿子的家庭教师、罗马人巴布里乌斯大约在公元2世纪时把寓言改写成希腊文。阿维阿努斯于公元4世纪把42个寓言故事写成拉丁文哀歌体对句。马克西姆斯·普拉努底斯教士大约于14世纪收集汇编了这些寓言，使伊索寓言在世界上广为流传。

过去也有人认为，伊索这个名字事实上与寓言这个词同义。伊索，或者某一个像他那样的人，最先以简洁、明快的风格讲述所收集的某些寓言故事，目的是为了使世人明辨是非。在这一过程中，他当然加进了部分自己的内容，从而使伊索这个名字和寓言之间有了更为密切的关系。所有这些具有伊索风格的寓言经口头一代代流传下来，最后都被视为出自伊索的手笔。例如，在古埃及的大纸草里、在西亚的古苏美尔时期和古巴比伦的泥板文书中，还有古印度梵文《五卷书》、公元前8世纪希腊的《田功农时》中，佛教经典《嘉言集》《本生经》，小亚细亚《旧约全书》中的《士师记》中都有这种伊索风格的寓言。

但近几年来，有人考证，伊索其实是非洲埃塞俄比亚的寓言家阿克曼。他们认为，希腊人把埃塞俄比亚的寓言翻译成希腊文，并署名为伊索，其含义是埃塞俄比亚人。这可能是因为译者将Ethiop错读成Egop，于是，埃塞俄比亚人（Ethiopian）寓言错写为伊索（Aesop）寓言，作者阿克曼也就成了伊索。根据寓言，阿克曼是黑人被释奴隶。后来，人们将阿克曼称颂为“东方智者”，在《古兰经》中被视为“大家”，《古兰经》第31章就是以阿克曼命名的。在穆斯林世界，即使到现在还有这样一句俗话：“有阿克曼智慧的教导。”这与他是阿拉伯国家一个最著名的哲学家和寓言家是分不开的。

由此，关于伊索和《伊索寓言》的谜题依然是谜题，难道一直以来困扰文学界的谜题还将继续困扰下去吗？

纳斯卡巨型画像之谜

自从有一队空中搜索队偶然地在秘鲁南部的纳斯卡海岸石壁沙漠上发现巨型雕画像以来，这个方圆不到300千米的小地方，今日已经逐渐地扬名于世了。

“纳斯卡”画像，从任何角度来说，无疑都是值得人们研究的，如果你站立在纳斯卡沿海的山头上，你会看见山岭间分布着许多纵横交错的长线形条纹，纽约洛彻斯特的摄影家玛利莲·比尔积士称之为“纳斯卡线”。纳斯卡线呈浅灰色褐色的泥土，好像是由人工在地面上轻轻挖掘而成的。由于周围海岸的山岭都是棕红色的石板块，所以比较起来，纳斯卡线就显得颜色浅而明显、突出了。它们有仿如足球场一般巨大的昆虫石纹，又有不少巨大的鸟、兽几何图案，足足占据了好几百千米的山头地面，从这些图像所占的辽阔地域面积看来，绝不可能是出自一个人的手笔，也甚至不可能是几千几百人合力所能办到的事。难怪有人认为，“纳斯卡图像”有可能是来自“天外的文明”，是由外星人拜访地球时候建造的。

科学家不会轻易相信传说和神话。“国际探险组织”曾经组织考察研究过纳斯卡图像，据国际探险组织的一会员解释，纳斯卡早在1 500多年前就有人聚居，我们不能轻易地遗忘了纳斯卡当地人的智慧。无疑，1 500年前人类还没有飞机或太空人驾驶的火箭、卫星之类在头上飞来飞去，但是，纳斯卡人很可能利用一些纺织而成的东西，借助热空气气球在空中指挥，进行地面“纳斯卡线”的挖掘工作。还有，当时的纳斯卡人掌握了基本的勘探技术，于是乎，利用原来很小的图形而放大画在地面之上的可能性倒是存在的。至于说，纳斯卡人为什么要在地面上这样做，则至今仍然是个未知之谜。

玛雅文明为何如此先进？

众所周知，智慧的玛雅人创造了灿烂的玛雅文明，但直到1576年，由于西班牙王室使者迭戈·加西亚的发现，才使得在中美洲丛林中沉睡达几个世纪之久的玛雅文明浮出水面。几个世纪以来的研究表明，玛雅文明已达到了令人吃惊的先进程度。

公元前1000年，玛雅人在危地马拉、洪都拉斯、墨西哥等地过着定居的农业生活，从此，玛雅文化开始形成。

据研究，玛雅人有独特的年表体系，他们把各个重要的历史日期记载在石碑、绘画里，甚至陶器上，通过对年表象形文献的分析研究，人们能准确地知道发生的历史事件，知道在玛雅各个城市中几个主要历史人物的名字及其出生、登基、去世的日期和地名。

根据传统的年表，玛雅文化史可划为三个阶段：①前古典时期，约从公元前1500年到公元317年；②古典时期，从公元317年到公元889年；③后古典时期，从公元889年到1697年，至此，最后一批有组织的玛雅人被西班牙人征服。在不同的时期，玛雅文明呈现出不同的特征。

在前古典时期，已经出现了玛雅历法。南部玛雅人在制作陶器、石雕艺术等方面取得了巨大的发展。中部玛雅人建有房基，也制作陶器；建有拱顶和添加灰浆的毛石工程；还竖有一系列初期的古碑。北方玛雅人不仅可以制作简陋的原始陶器，而且还建有大型的宗教中心。

大约在公元元年前后，玛雅人独立地创造了象形文字。玛雅人以石碑作年鉴，每 20 年立一块石碑，以记载发生的重大事件。令人遗憾的是，用玛雅文字撰写的典籍都被西班牙殖民者入侵美洲时当做“异端邪说”而烧毁了。现得以幸存下来并公认的只有 3 本，即《玛雅三抄本》。

另外，玛雅人也十分精通天文学，他们能准确地预测到日食、月食，并计算出金星公转的周期，其数据的精确度超过同时期的中国和欧洲。他们还制定了太阳历，将一年分为 18 个月，每月 20 天，外加 5 天的 1 个月，共计 19 个月计 365 天，对时间的计算其准确度超过了当时世界上通用的格列历。玛雅人在数学上也成就斐然。早在公元前 3000 年，玛雅人就发现和使用了 0 这个数字，这比世界上其他民族要早 800 年。

在古典时期，南方玛雅人产生贸易交换并得以繁荣。到后期，除了北方地区之外，大都出现了文化衰退。在中部地区有美丽的彩陶和石雕，还出现了更为精美的毛石工程、加工精细的尖顶石碑雕刻和特佩乌陶器。

在建筑、雕刻和绘画上，玛雅人更是堪称一绝。他们建造的宏伟壮观的宫殿与欧洲最大的宫殿不相上下，巧夺天工的石砌金字塔、太阳庙堪与埃及金字塔媲美，而且镶嵌在每一建筑物上的巨型石雕精美绝伦而又含意深邃。更有意思的是装饰在建筑物正面的蛇形神面具与中国商朝时代祭皿上的饕餮纹十分相似。

在后古典时期，南方玛雅人被托尔蒂克人征服。这里的玛雅文明出现了陶制塑像，在山冈顶上建有防御工事。后来，北方玛雅人也被托尔蒂克人征服，并在奇钦伊察形成了一个巨大的统治中心，人们崇拜“库库尔坎”——长羽毛的蛇神；制成精致的器皿。奇钦伊察后被遗弃，玛雅人迁都于玛雅潘。

为什么玛雅人会创造出如此高度发达的文明，实在让人难以琢磨，不可理解，虽然现在玛雅文明被湮灭在历史的洪流中，然而这一问题依然在考验着人类的智慧。

蒙娜·丽莎神秘微笑之谜

恩格斯在《自然辩证法》的导言中对意大利文艺复兴运动给予了高度评价，并称达·芬奇是那一时期的一位不朽巨人，他的美术作品给人留下了永恒的文化遗产。《蒙娜·丽莎》就是其代表作品之一。画中人物的面部表情，尤其是嘴角浮现出来的永恒的微笑，显示出了一种不朽的艺术魅力。

名画《蒙娜丽莎》

蒙娜·丽莎的微笑的确令人着迷。《蒙娜·丽莎》问世几百年来，人们在她面前品味着、揣测着、争辩着。

这一问题的探讨不像中世纪哲学家们争论一枚针尖上可以站几个天使那样无聊，学者们是从科学的角度研究是什么因素让蒙娜·丽莎的微笑如此迷人。

审美心理学家认为，同一种艺术品，不同的人或同一个人在不同的心境下观赏，往往会有不同的感受，人们凭借自己的生活经验，往往发现艺术作品新的意义。

美术史学家詹森从美学角度指出，这一神秘微笑的造成是因为作者力图要在一个个性非常具体的人物身上，创造出他理想化了的美的典型，力图要使一闪即逝的面部表情，象征永恒的喜悦，正是这种矛盾的结合造就了不朽的艺术魅力。

还有一些人从绘画技巧研究画像，说达·芬奇为这个坐在阳台上的少女设置了一幅透视不一的背影，当人们的视线集中在左边，感到远景下降而人物上升；相反，当人们到右边看时，觉得远景上升而人物下降。画像中的人物五官，其位置亦在游移不定之中。加上作者把体现人的笑容的嘴角、眼角部位又画得模模糊糊，使画中主人公的笑令人百思不得其解。

甚至一些人从医学的角度出发，别出心裁地研究了蒙娜·丽莎的“生理状况”，认定她患有内斜视，甚至发现她右下脸上有一霰粒肿。而现代派画家达利则坚持认为蒙娜·丽莎应是有胡须的，为此他大笔一挥，硬给蒙娜·丽莎嘴上添了两撇八字翘须，真是让人哭笑不得。

弗洛伊德则将此问题同达·芬奇的母亲联系起来。他认为，画家由于离别生母，多年来随父与继母生活，难免思念母亲，他从《蒙娜·丽莎》模特儿的脸上和嘴唇间发现了他母亲那样的微笑，唤起了他无意识中对母亲的爱，但画家已不能再从那唇上得到亲吻，于是便以高超的画艺把那迷人的美连同他自己的感情全部表现在画布上，那神秘莫测的微笑由此而诞生。

还有人提出了更多的假想，甚至趋于怪诞，却没有一种观点可以完美地解释达·芬奇如何创造了蒙娜·丽莎的微笑。也许天才画家的思想是难以揣测的，人们在这一伟大的艺术作品前思考着、争论着，也困惑着……

意大利比萨斜塔斜而不倒的秘密

斜而不倒的比萨斜塔

意大利比萨市奇迹广场上的比萨斜塔是著名建筑师那诺·皮萨诺建造的，1173 年 8 月 9 日，工程正式开始。比萨斜塔奇特的结构和宏伟的外观很快吸引了众多游人，它与大教堂、洗礼堂和公墓构成了比萨“奇迹区”。原设计塔高为 100 米左右，但动工五六年后，建好的 3 层塔身开始倾斜，斜塔完工后，倾斜仍在继续。截止到现在，塔顶已南倾（即塔顶偏离垂直线）5.3 米。

在实际工作中，许多有关专家对比萨斜塔的全部历史以及塔的建筑材料、结构、地质、水源等方面进行了充分的研究，并采用各种先进的仪器设备进行测试。比萨中古史学家皮洛迪教授研究后认为，建造塔身的每一块石砖都是一块石雕佳品，石砖与石砖间的黏合极为巧妙，有效地防止了塔身倾斜引起的断裂，成为斜塔斜而不倒的一个因素。但他仍强调指出，现在当务之急是弄清比萨斜塔斜而不倒的全部奥妙。

毫无疑问，比萨塔的倾斜与土质有密切关系。早在 19 世纪，建筑师拉德斯卡通过在斜塔地基中钻孔取样，证实土壤条件是塔身倾斜的原因。据此，一些专家研究后推测，比萨塔的倾斜在建筑师意料之中，几百年来斜塔斜而不倒与设计、建筑者有关。这种观点在当时盛行一时。

观测该塔的专家盖里教授根据比萨斜塔近几年来倾斜的速度推测出如果按此倾斜速度计算，而又不在某些部位承受特殊的压力下突然坍塌，斜塔将于 250 年后因塔身的重心超出塔基外缘而倾倒。但是公共事务部比萨斜塔服务局的有关人员针对盖里教授的看法进行了反驳，认为只按数学方式推算是不可靠的，比萨斜塔是“一个由多种事实交织成的综合性问题”。另一些研究者调查发现，比萨斜塔塔身曾一度向东倾斜，尔后又转向南倾斜，他们同样认为该塔在过去几百年间斜而不倒，250 年后倒与不倒恐怕不能局限于简单的假设和预测。

当然，最关心斜塔命运的自然是比萨人，尽管他们也对斜塔的倾斜感到担忧，但更多的是骄傲和自豪，为自己的故乡拥有一个可与世界上著名建筑相媲美的斜塔而感到自豪。他们坚信它不会倒下，他们有这样一句俗话：比萨塔像比萨人一样健壮结实，永远不会倒下去。他们对那些把斜塔重新纠直竖正的建议最为深恶痛绝。说来也怪，每当专家们采取加固斜塔地基的措施时，塔的倾斜速度反而加快。如 1934 年，在地基及四周喷入 90 吨水泥，实施基础防水工程，塔身反而更加不稳，向周围移动，倾斜得更快；1973—1975 年，政府关闭了斜塔方圆 3 千米以内所有私人水井并禁止其他方法取用地下水，塔的倾斜速度放慢下来了。

可以看出，比萨人的自信也许过分些，还是皮洛迪教授的看法现实些：只有弄清斜塔斜而不倒的奥妙才能“对症下药”。人们正为此而做出不懈的努力。相信不久的将来，比萨斜塔斜而不倒的科学解释会让人们恍然大悟，从而给人们更多的启迪。

太阳门的神秘之处

世界上最高的淡水湖——的的喀喀湖东南 21 千米、海拔 4000 米高的层峦叠嶂的安第斯高原上，有一座前印加时期的蒂亚瓦纳科文化遗址。自 1548 年西班牙殖民主义者发现了这个被印加人称作蒂亚瓦纳科的小村落并向外界报道后，以精美的石造建筑为特征的蒂亚瓦纳科文化就此著称于世。自那以后，围绕这个遗址是什么时代建造的、由何人建造的、究竟是什么所在整整讨论了 4 个多世纪。

神秘的太阳门

这是一个星散在长 1 000 米、宽 400 米的台地上的大遗迹群，地处太平洋沿海通往内地的重要通道上，遗址被一条大道辟为两半，大道一边是占地 210 平方米，高 15 米的阶层式的阿加巴那金字塔，另一边是由长 118

米、宽112米的台面组成的卡拉萨萨亚建筑。该建筑至今仍完好无损，四周围是坚固的石墙，里面有梯级通向地下内院，西北角就坐落着美洲古代最卓越、最著名的古迹之一——太阳门。它被视作蒂亚瓦纳科文化的最杰出的象征。

蒂亚瓦纳科文化是公元5世纪—10世纪之际影响秘鲁全境的一支文化。作为该文化的代表，太阳门由重达百吨以上的整块巨型中长石雕镌而成。造型庄重，比例匀称。它高3.048米，宽3.962米，中央凿一门洞。门楣中央刻有一个人形浅浮雕，人形神像的头部放射出许多道光线，双手各持着护仗，在其两旁平列着三排48个较小的、生动逼真的形象，其中上下两排是面对神像的带有翅膀的勇士，中间一排是人格化的飞禽，浮雕展现了一个深奥而复杂的神话世界。这块巨石在发现时已残碎，1908年经过整修，恢复旧观。据说每年9月21日黎明的第一缕曙光总是准确无误地射入门中央。

在印加人创造蒂亚瓦纳科文化年代，尚未使用有轮子的运输工具和驮重牲畜，因此在这云岚缭绕、峭拔高峻的安第斯高原上建造起如此雄伟壮观的太阳门，确是不可思议。16世纪中叶，西班牙殖民主义者见到这座庄严的古建筑时，曾认为是印加人或艾马拉人造的。但艾马拉人不同意此说，认为太阳门远为古老，是太阳神维拉科查开辟天地，建造了太阳门和蒂亚瓦纳科其他各种动人心魄的建筑群。欧美大百科全书叙述了两种传说，一个传说说是由一双看不见的手在一夜之间建造起来的；另一传说说是那些雕像原是当地居民，后来被一个外来朝圣者变成了石头。长期定居在拉巴斯的奥地利考古学家阿瑟·波斯南斯基则在20世纪上半期提出一个假想，认为该文化年代可上溯到13 000年前，它建在一个巨大的甜水湖岸上，湖水来自融化了的冰河期的冰川，由科拉族、阿拉瓦族缔造了史前期的城市，太阳门是个石头日历，后来火山爆发或其他自然灾祸毁灭了这古老城市和文明。然而上述这些说法仅是神话传说而已。

为弄清蒂亚瓦纳科文化的来龙去脉，美国考古学家温德尔·贝内特用层积发掘法证明该文化最早年代为公元300—700年，太阳门等建筑在公元1000年前正式建成。这里原是宗教圣地，朝圣的人群跋山涉水去那里举行朝拜仪式，可能就在朝拜同时运来了建筑材料，建造了这些宏伟建筑物。苏联历史学家叶菲莫夫、托卡列夫也赞同这一观点。但问题是，在当时生产力极为原始，怎么把上百吨重的巨石从5千米外的采石场拖曳到指定地点。要完成这个任务至少每吨要配备65人和数英里长的羊驼皮绳，这样得有26 000多人的一支庞大队伍，而要安顿这支大军的食宿，非得有一个庞大的城市，但这在当时还没出现。另有不少人认为，当初是用平底驳船从科帕卡瓦纳附近采石场经过的的喀喀湖运去石料的。据地质考查，当时湖岸与卡拉萨萨亚地理位置接近，后来湖面降低才退到现在位置，如果这一说法成立，那使用的驳船要比几个世纪后的殖民主义者乘坐的船还要大好几倍，这在那时也是不可能的事。

玻利维亚著名的考古学家、蒂亚瓦纳科考古研究中心主任卡洛斯·庞塞·桑西内斯和阿根廷考古学家伊瓦拉·格拉索用放射性碳鉴定得出，蒂亚瓦纳科始建于公元前300年，公元8世纪以前竣工，一般认为在公元5至6世纪。建造者可能是安第斯山区的科拉人。他们都认为太阳门是宗教建筑。不过前者认为蒂亚瓦纳科是当时举行宗教仪式的中心场所，太阳门是卡拉萨萨亚庭院的大门，门楣上的图案反映了宗教仪式的场面。伊瓦拉·格拉索认为，太阳门很可能是阿加巴那金字塔塔顶上庙堂的一部分，因为把它看作凯旋门或庙堂的外大门显得过于矮小，尤其是中间的门道，稍高的人非得弯腰才能通过。美国的历史学家艾·巴·托马斯也认为遗址是科拉人建造的，但不是宗教活动场所，而是一个大商业中心、文化中心，阶梯通向之处是中央市场。太阳门上的浅浮雕，其辐射状的线条表示雨水；两旁的小型刻像朝着雨神走去，以象征承认雨神的权威。

至于有人将蒂亚瓦纳科说成是某一时期外星人在地球上建造的一座城市，太阳门是外空之门，那无疑是极其荒诞的一种看法了。

虽然400多年来，对蒂亚瓦纳科文化，对太阳门众说纷纭，各持己见，但相信有那么一天，太阳门的本来面目会揭示于天下。

三皇五帝究竟指的是谁

“自从盘古开天地，三皇五帝到如今。”记得这是小学课本里的名句，然而，多少年之后，当别人问起三皇五帝究竟是谁时，却很茫然。

先说三皇吧。三皇总名最早见于《吕氏春秋》，三皇的分名最早见于《史记·始皇本纪》中的李斯奏议，李斯说：“古有天皇，有地皇，有泰皇，泰皇最贵。”而《春秋纬·命历序》则以为三皇是天皇、地皇和人皇，用人皇夺泰皇之位。到了宋代，罗苹注《路史》引孔衍《春秋后语》力图调解这个矛盾，认为泰皇即人皇。

这个矛盾暂时解决了，而五帝配三皇的矛盾更为突出，仅汉代学者之间就至少有四种不同说法。一种意见认为三皇为伏羲、女娲和神农；另一种意见认为是伏羲、神农和燧人；第三种意见认为是伏羲、神农和祝融；

最后一种意见则认为是伏羲、神农和共工。

伏 羲

在这四种意见中，伏羲、神农为各家所共有。将女娲列入三皇，是因为这位女英雄不仅“补苍天”、“立四极”，而且“抟黄土作人，剧务力不暇供，乃引绳于泥中，举以为人”，创造了人类；燧人钻木取火，使人们能吃到味美的熟食，促进了人类自身的进化，列为三皇，理所当然；祝融即重黎，《山海经》说他“绝地通天”，分人神之界，自然可为三皇之一；至于共工，在与颛顼的战斗中，“怒而触不周之山，天柱折，地维绝，天倾西北，故日月星辰移焉；地不满东南，故水潦尘埃归焉”，改变了人类的生存环境，列为三皇，不亦宜乎？

三皇无定说，自古如此。那么五帝的情况又怎样呢？

五帝说盖形成于周秦之际，起源于五方帝、五色帝之祠，甲骨文中的“方帝”、“帝方”指的就是五方帝之祀。但五帝的组合，自古以来也有着不同的说法。一种意见认为五帝即太昊、炎帝、黄帝、少昊和颛顼；另一种意见则认为是黄帝、颛顼、帝喾和尧、舜。东汉的郑玄还提出“五帝为六人”之说。

哪种说法最有根据呢？看来必须逐一审查他们的历史和功绩。

根据《国语·晋语》，黄帝、炎帝同出生于少典，而少典为国名或父名则众说不一。但习惯上所谓中华民族同为炎、黄子孙，炎、黄列为五帝看来不成问题。

《史记·五帝本纪》说：“黄帝者，少典之子，姓公孙，名曰轩辕。”《龙鱼河图》说“天遣玄女下援黄帝兵信神符，制伏蚩尤……以制八方”。在早期部落之间的战争中，黄帝对于中华民族的形成是有功绩的。功绩还不止于此，《史记正义》说：“黄帝以前，未有衣裳屋宇，及黄帝造屋宇，制衣服，营殡葬，万民故免存亡之难”，“教民江湖陂泽山林原隰皆收采禁捕以时，用之有节，令得其利也。”

至于炎帝，也为少典之子，与黄帝兄弟相继，但《帝王世纪》认为炎黄之间凡隔8帝，500余年，显然认为非信史。班固说炎帝“教民耕农，故号曰神农氏”，对古老的农业生产作出了贡献。

颛顼号高阳氏，司马迁说他是黄帝次子昌意的儿子，“静渊以有谋，疏通而知事；养材以任地，载时以象天”。命重任南正之官，掌管祭祀天神，命黎任北正（一作火正）之官，掌管民事，更大的贡献是扩大了民族活动的范围，北至幽陵，南至交趾，西至流沙，东至蟠木。

帝喾高辛氏，黄帝长子玄嚣的孙子，其伯祖父颛顼在位时被立为族子。《帝王纪》说他“年十五而佐颛顼，三十登位”。《五帝本纪》说他“生而神灵，自言其名，普施利物，不于其身。聪以知远，明以察微，顺天之意，知民之急。仁而威，惠而信，修身而天下服。取地之财而节用之，抚教万民而利诲之”。而且生有一个伟大的儿子帝尧。

帝尧，名放勋，号陶唐。司马迁说他“命羲、和，敬顺昊天，数法日月星辰，敬受民时”。对于以农业立国的中华民族来说，制定历法，授民以时，在古代，比什么都重要。

说到帝舜，人们不禁想到他对盲父和后母的“笃谨”孝道，这对中国的伦理道德起到正反两个方面的影响。他继尧位，南巡狩，崩于苍梧之野，以身殉职，也是令人难以忘怀的。

五帝之中，最复杂的是太昊和少昊。太昊亦作太皓，风姓，以龙为官，一说即伏羲氏。少昊又作少皞，名挚，号金天氏，以鸟为官名，传说他们均为东夷族。后来，一般认为少昊为太昊之后，近人根据《世本》“少昊，黄帝之子，名契”，认为少昊即契，而契亦传为帝喾之子；因此认为太昊即帝喾，二人均为殷人祖先。

根据上面的“审查”，他们都有资格列入五帝，然而，由于名额的限制，又不能一一满足他们的要求，这就使得史学家不知何从了。

其实，三皇五帝传说的分歧，是我国多民族发展的产物，它曲折地反映了民族融合的进步趋势。早在进入文明时代之前，在祖国辽阔的土地上，就形成了华夏族、苗族以及当时被华夏族称之为蛮、夷、戎、狄等许多兄弟民族。说华夏族为黄、炎之后，这实际上反映了华夏族是由以黄帝、炎帝为代表的两个有血缘亲属关系的民族经过长期发展而成的。所谓帝，只不过是中国原始社会部落联盟时期军事首长的称谓。